职业教育汽车专业微课版创新教材

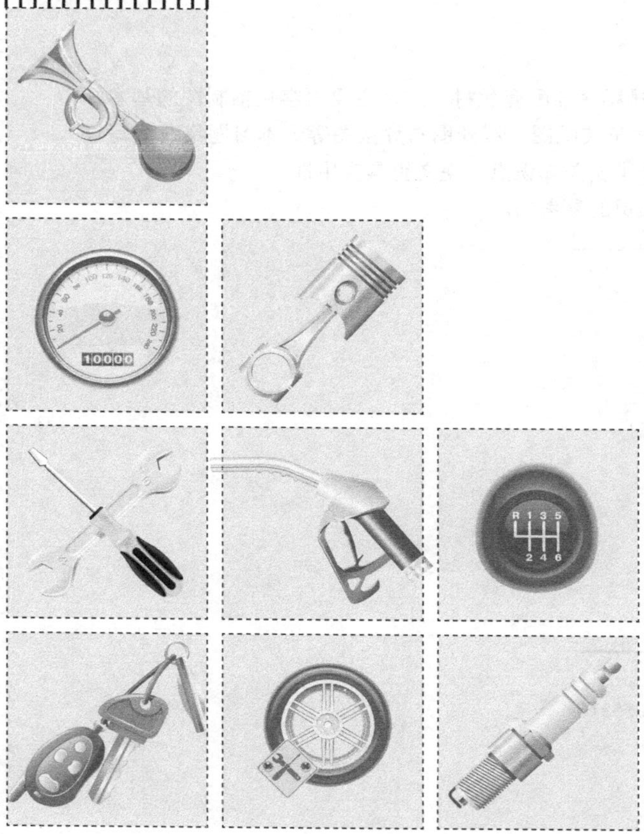

汽车机械制图习题集（第2版）

Automobile Mechanical Drawing Exercises (2nd Edition)

黎宴林 徐咏良 ◎ 主编　陈淑玲 钱敏 游振荣 ◎ 副主编

肖建章 ◎ 主审

人民邮电出版社

北京

图书在版编目（CIP）数据

汽车机械制图习题集 / 黎宴林，徐咏良主编. -- 2版. -- 北京 : 人民邮电出版社，2017.8
职业教育汽车专业微课版创新教材
ISBN 978-7-115-44564-3

Ⅰ. ①汽… Ⅱ. ①黎… ②徐… Ⅲ. ①汽车一机械制图一职业教育一习题集 Ⅳ. ①U462-44

中国版本图书馆CIP数据核字(2017)第202456号

内 容 提 要

本习题集与黎宴林和徐咏良主编的《汽车机械制图（第2版）》教材配套使用。习题集的内容编排顺序与配套教材一致，主要内容包括制图的基本知识、三视图投影原理及基本体的投影、组合体、机件的表达方法、标准件与常用件、汽车零件图、汽车装配图、展开图与焊接图等。本习题集在编写过程中严格贯彻新的《技术制图》和《机械制图》国家标准，根据职业教育人才培养的目标要求，整合了相关知识点，使之更具实用性。

本书既可作为职业院校汽车类相关专业“机械制图”课程的配套教材，也可作为相关工程技术人员的参考书。

◆ 主　　编　黎宴林　徐咏良
　副 主 编　陈淑玲　钱　敏　游振荣
　主　　审　肖建章
　责任编辑　刘盛平
　责任印制　焦志炜

◆ 人民邮电出版社出版发行　北京市丰台区成寿寺路11号
　邮编　100164　电子邮件　315@ptpress.com.cn
　网址　http://www.ptpress.com.cn
　固安县铭成印刷有限公司印刷

◆ 开本：787×1092　1/16
　印张：7.5　　2017年8月第2版
　字数：180千字　　2024年7月河北第11次印刷

定价：25.00元

读者服务热线：(010)81055256　印装质量热线：(010)81055316
反盗版热线：(010)81055315
广告经营许可证：京东市监广登字20170147号

前　　言

本习题集是黎宴林和徐咏良主编的《汽车机械制图（第2版）》的配套用书。

本习题集具有以下特点。

（1）内容结合汽车维修行业和汽车类企业的实际发展情况，具有针对性。

（2）习题由浅入深，由易到难，逐步提高，符合教学规律，有利于培养学生学习兴趣。

（3）本书强化了对学生在读图、简单零部件徒手绘图方面的训练，以培养其绘图动手能力和空间想象思维能力。

本习题集由黎宴林和徐咏良任主编，陈淑玲、钱敏和游振荣任副主编，肖建章主审，郭晓等也参加了编写。

编 者

2017年3月

目　录

第1章　制图的基本知识

1.1　图线练习及抄画标题栏

1. 图线练习

（1）过等分点抄画下列图线的平行线。

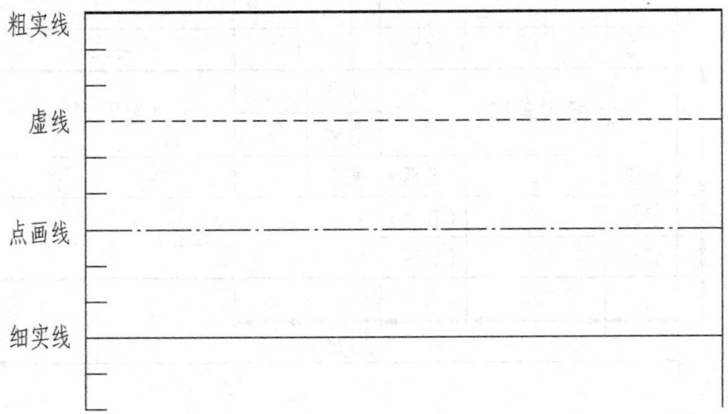

（2）根据上图示样，在下图中抄画一组平行细实线。

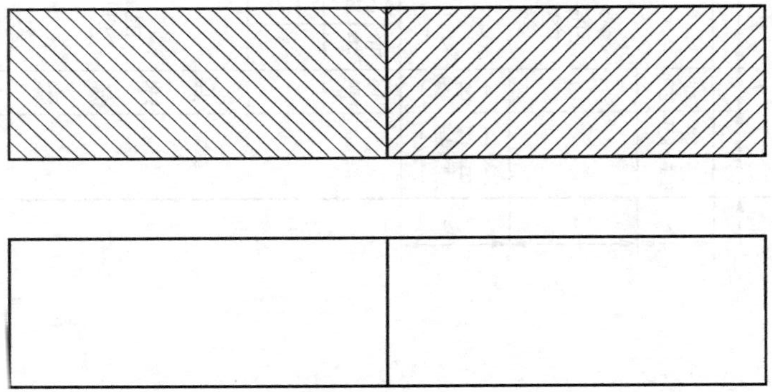

（3）按左图示样，在右边用不同图线过中心线上给出的点画圆。

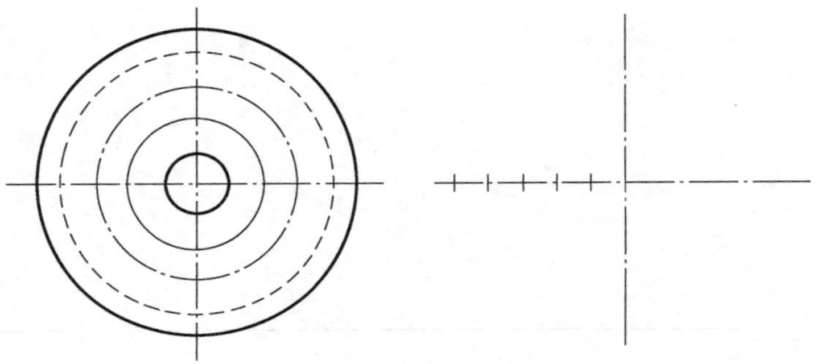

（4）根据左图示样，在右边作图线、箭头练习。

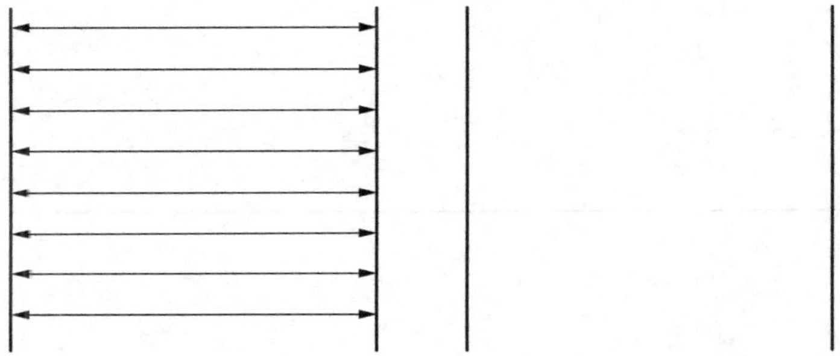

2. 抄画标题栏

（1）抄画零件图标题栏。

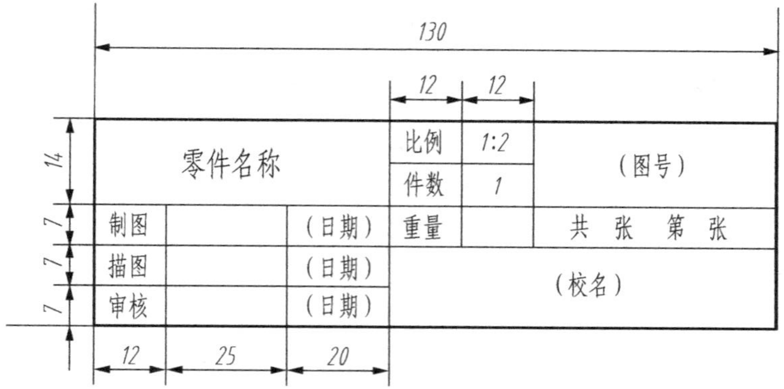

（2）抄画装配图标题栏和明细栏。

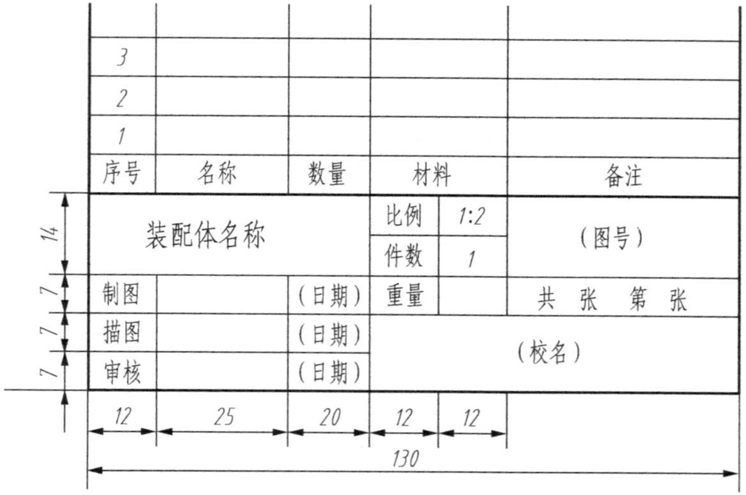

班级　　　　姓名　　　　学号

1.2 尺寸标注练习

（1）根据图例，按 1:2 的比例抄画图形并标注尺寸。

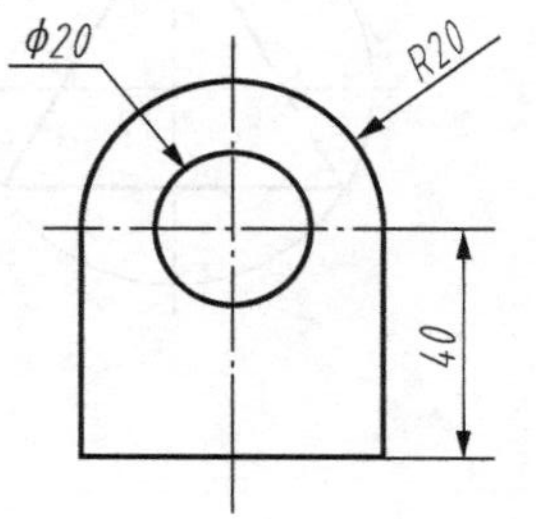

（2）填写尺寸数字（取整数），该图比例为 1:2。

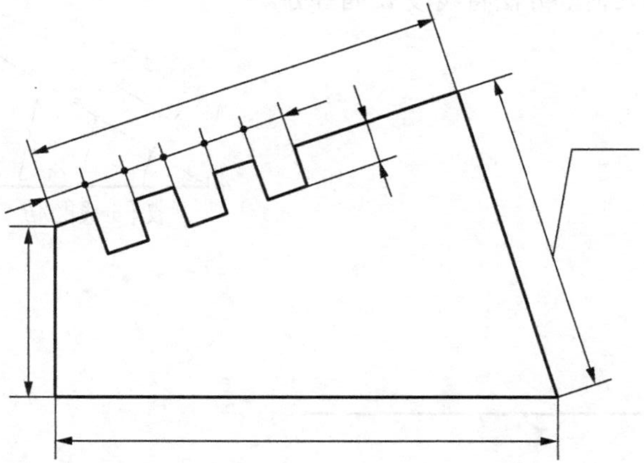

（3）分析下图中各种尺寸的注法并抄画。

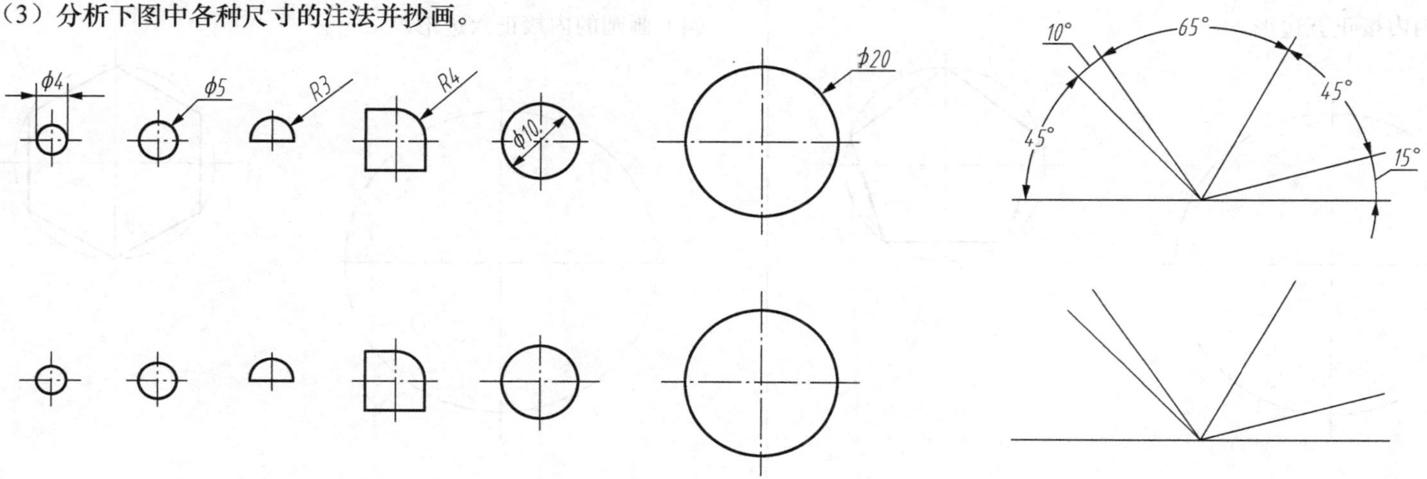

班级　　　　姓名　　　　学号

1.3 几何作图及平面图形练习

1. 平行线段和圆周

（1）用几何等分法将线段AB四等分。

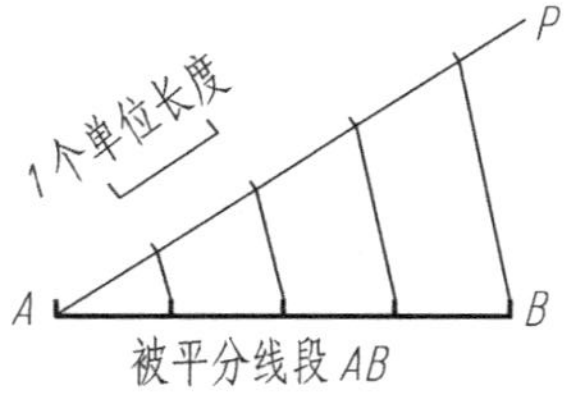

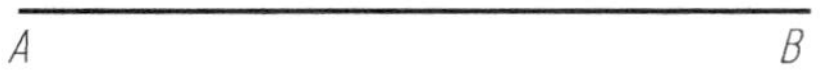

（2）画圆的内接正三边形。

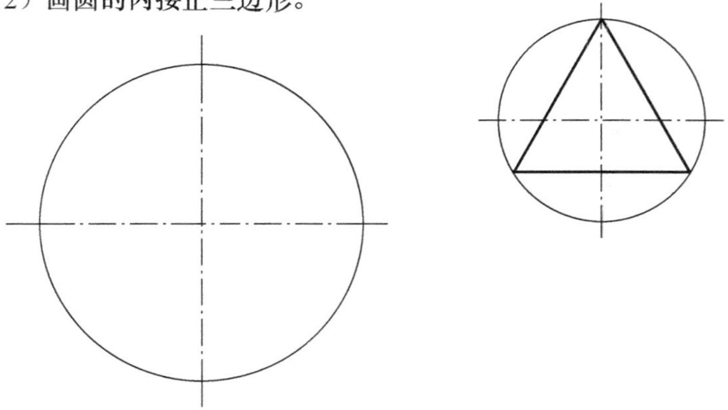

（3）画圆的内接正五边形。

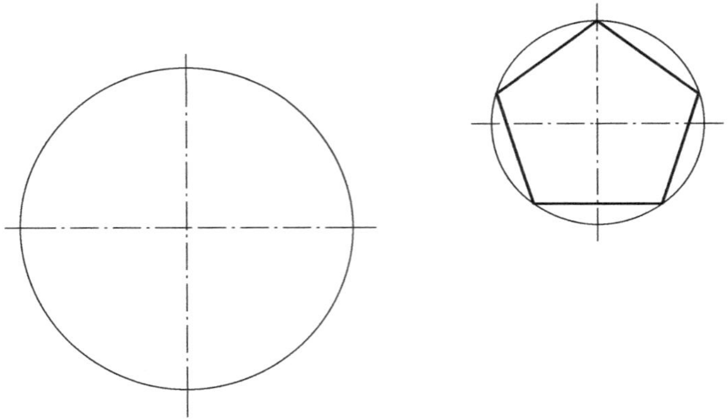

（4）画圆的内接正六边形。

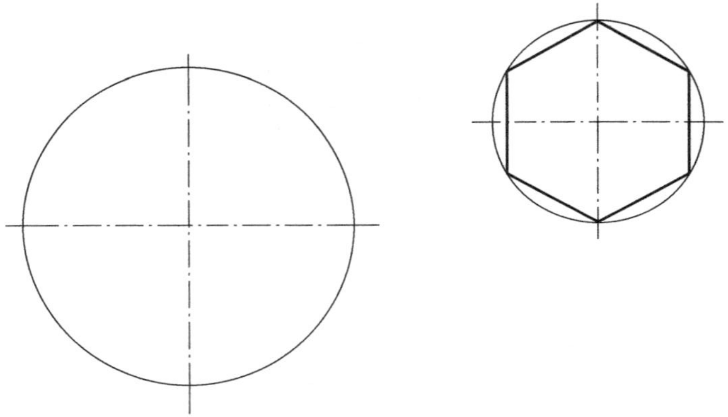

班级　　姓名　　学号

2. 斜度与锥度

（1）根据图例，按1:1的比例抄画图形，并标注1:9斜度。

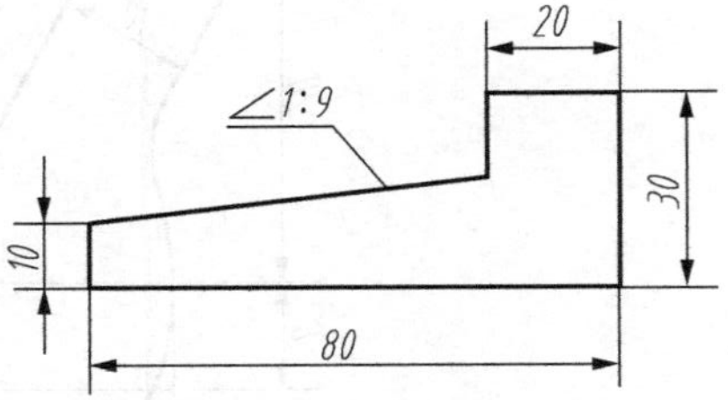

（2）根据图例，按1:1的比例抄画图形，并标注1:3锥度。

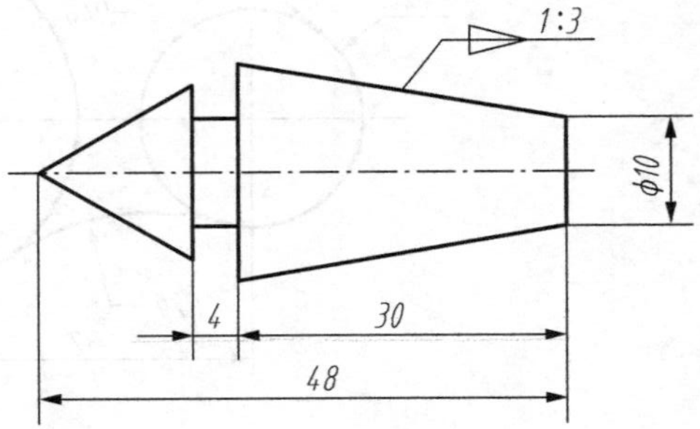

3. 圆弧连接

（1）

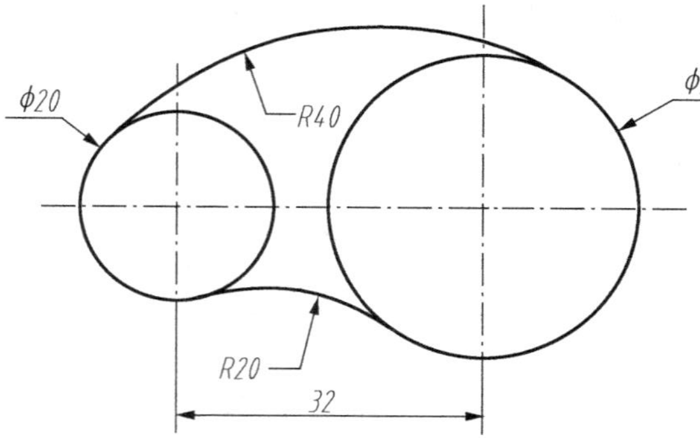

（2）

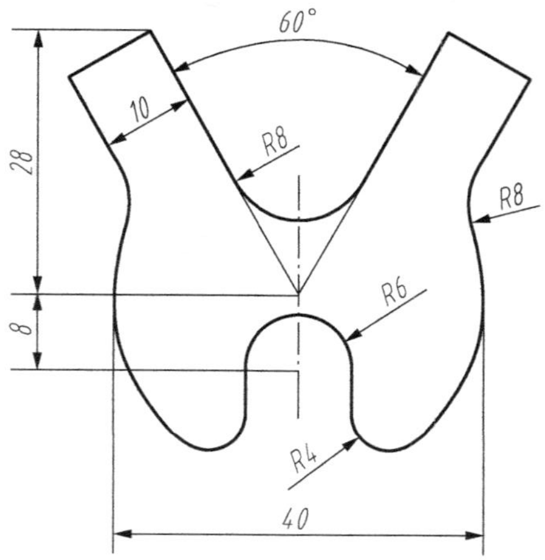

班级　　姓名　　学号

4. 平面图形练习

（1）

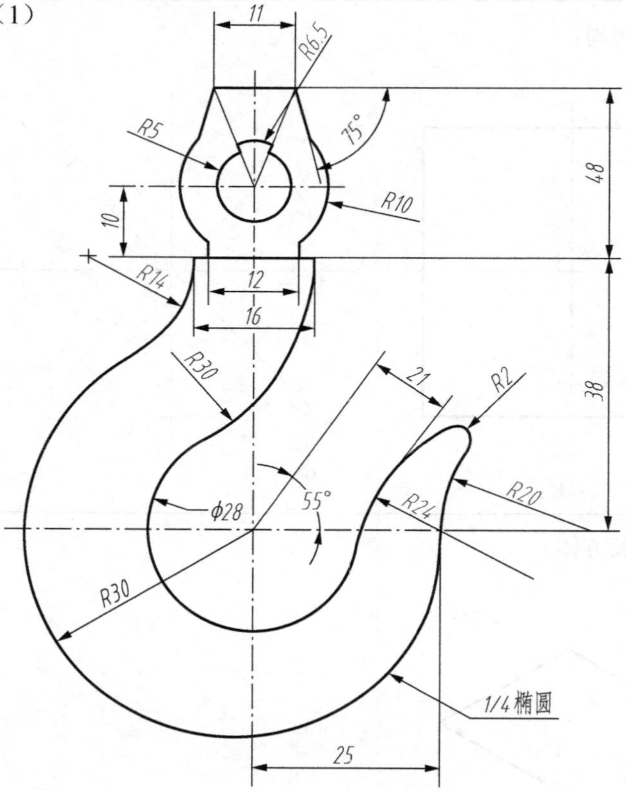

标题栏

（2）

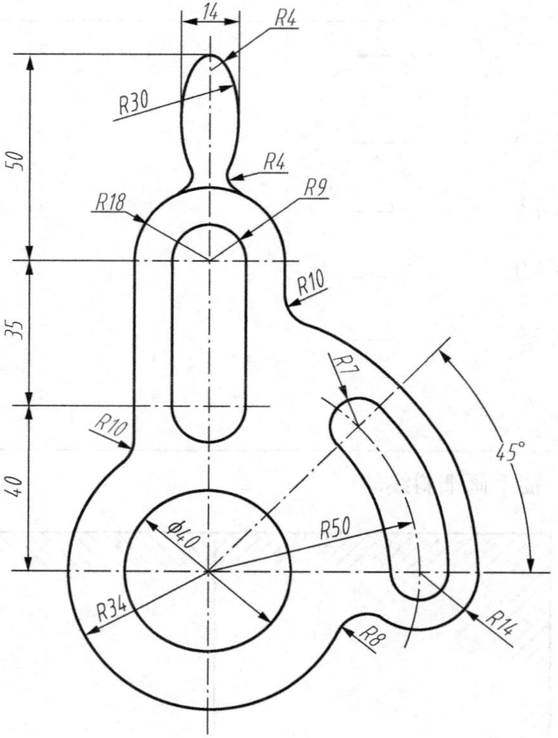

标题栏

班级 姓名 学号

1.4 徒手绘图练习

（1）等分线段。

四等分

五等分

六等分

八等分

（2）画圆周。

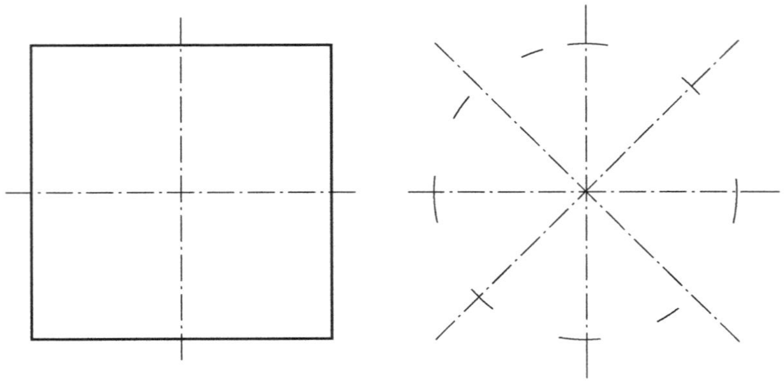

（3）徒手画细斜线。

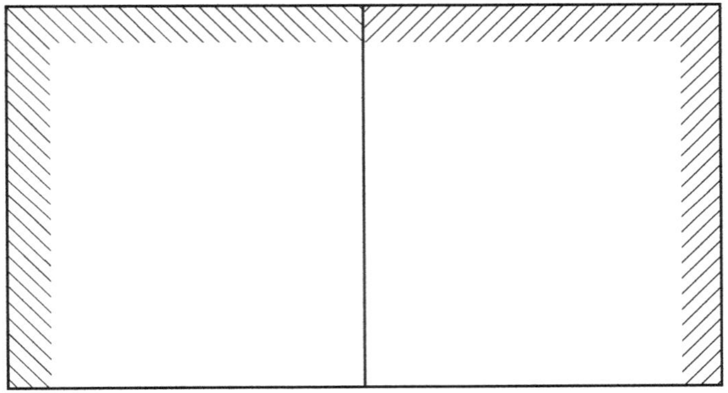

（4）画长方体。

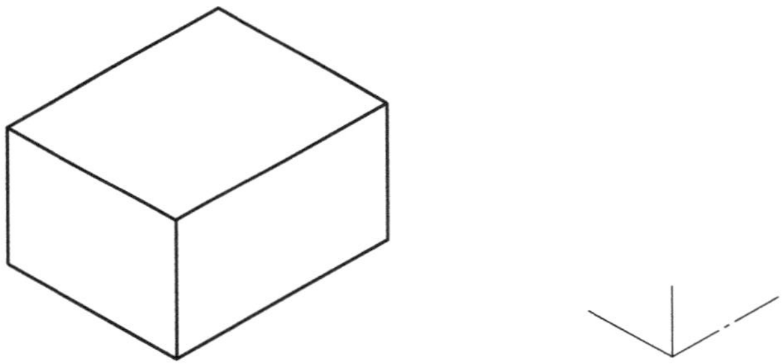

班级　　姓名　　学号

（5）徒手抄画下列视图。

①

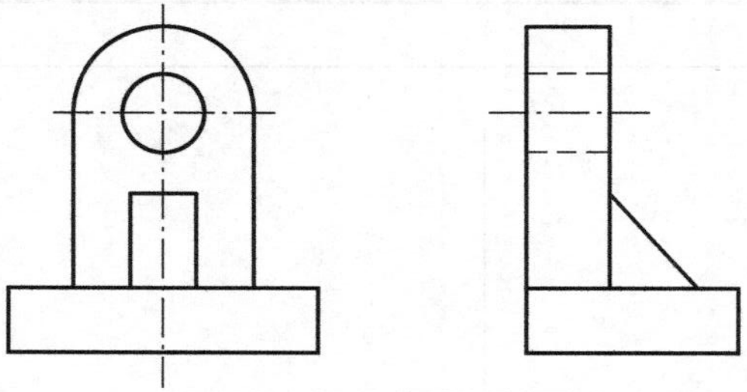

②

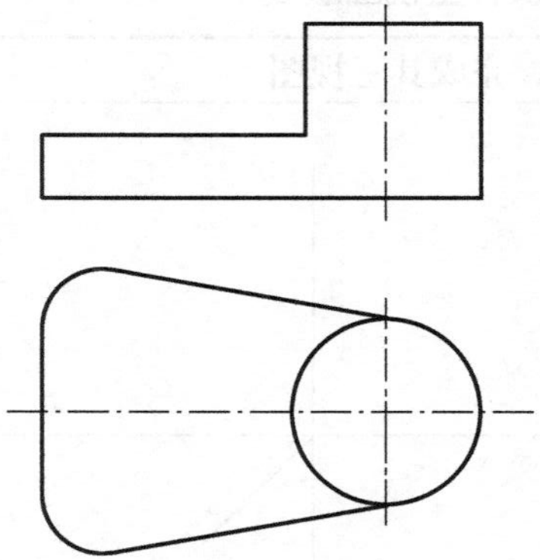

班级　　　　姓名　　　　学号

第2章　三视图投影原理及基本体的投影

2.1　画三视图及补全视图缺线

1. 根据立体图，完成其三视图

（1）

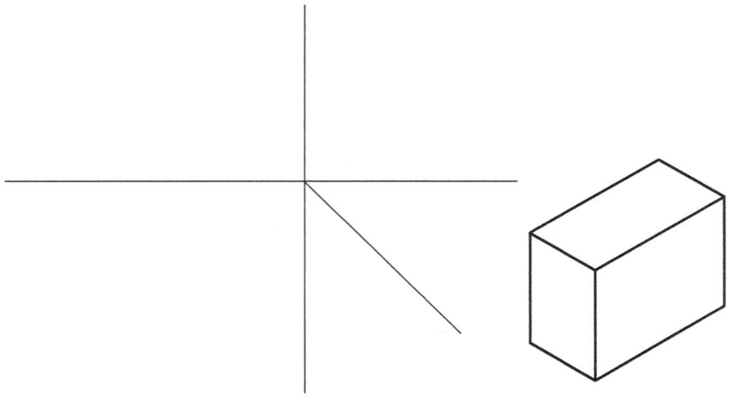

（2）

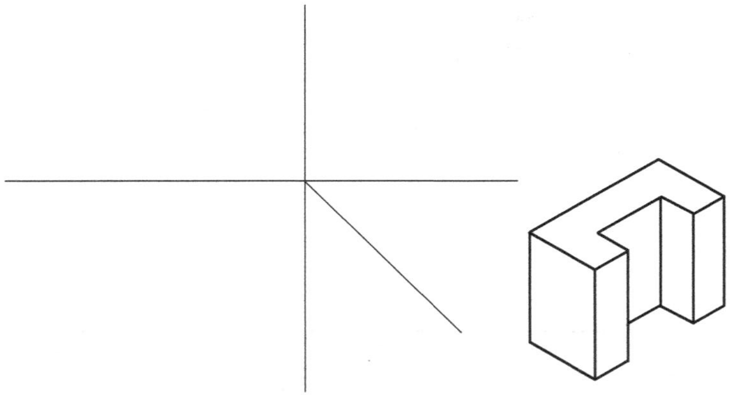

（3）

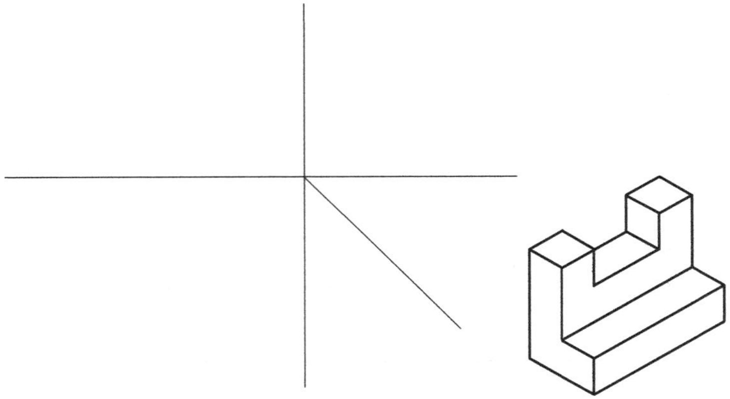

（4）

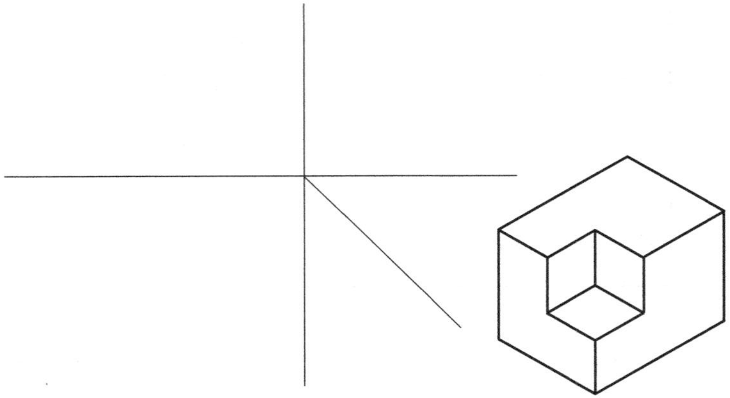

班级　　　　姓名　　　　学号

2. 补全视图中所缺图线

（1）

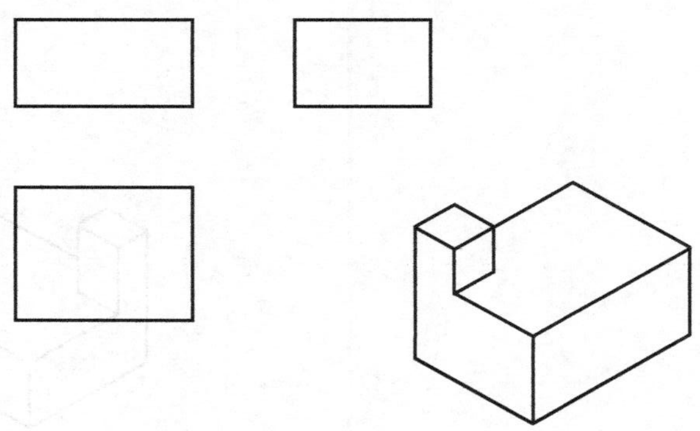

（2）

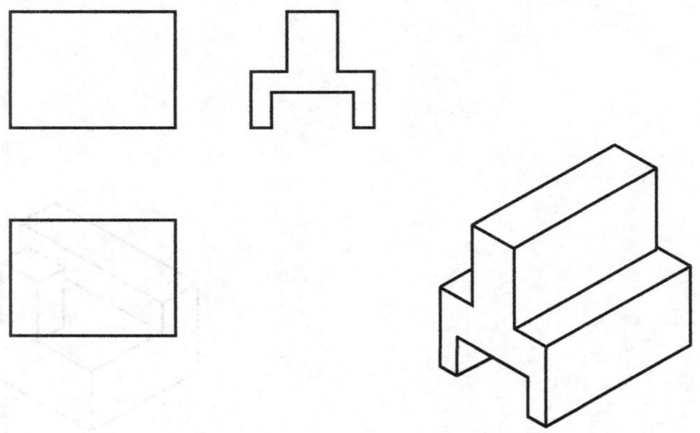

（3）

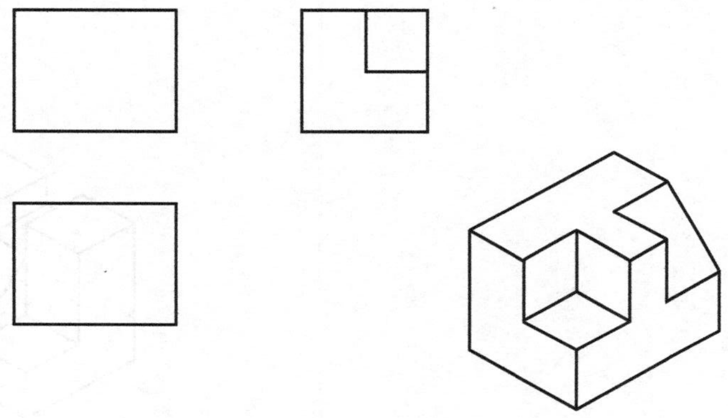

（4）

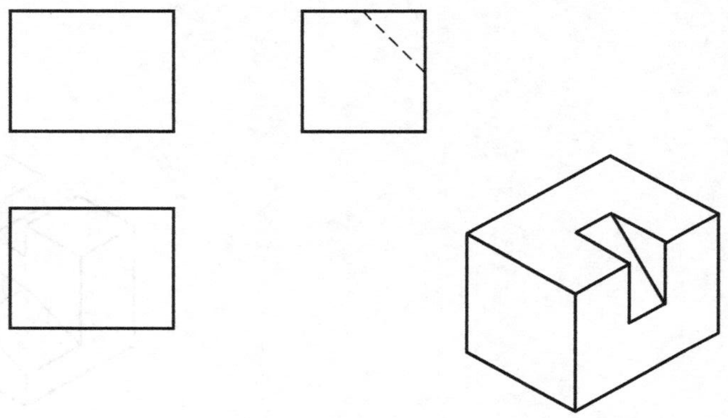

班级　　姓名　　学号

3. 根据立体图画三视图

（1）

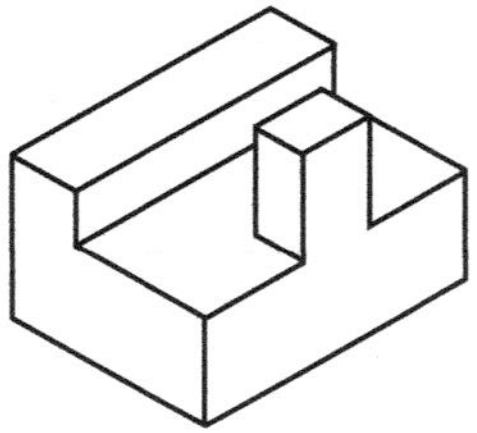

（2）

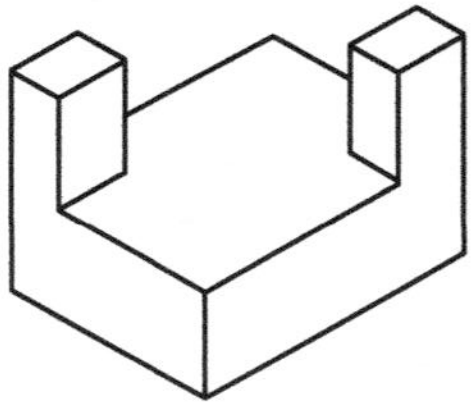

（3）

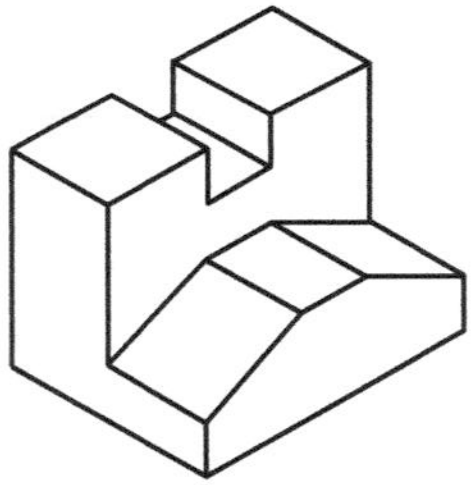

（4）

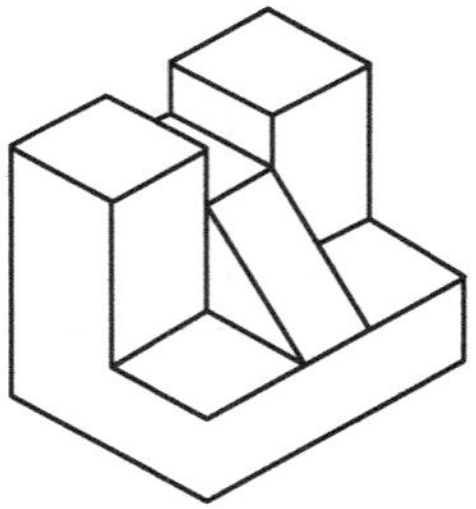

班级 姓名 学号

（5）

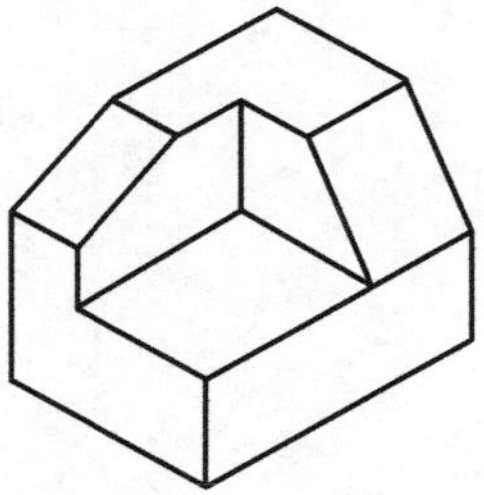

（6）

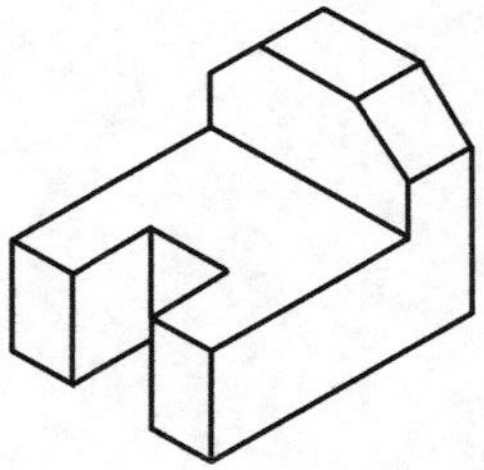

（7）

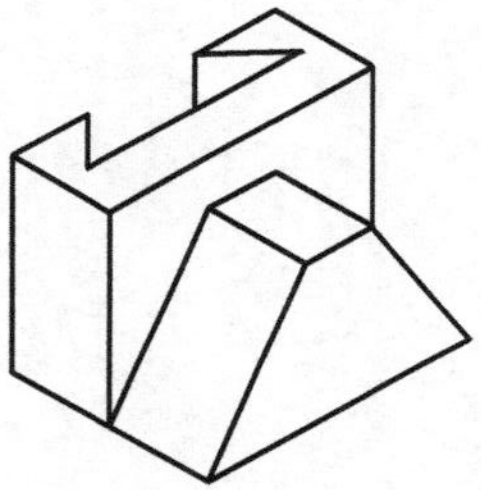

（8）

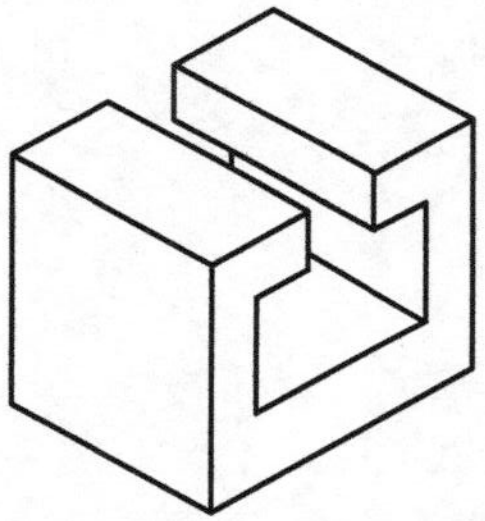

班级　　姓名　　学号

（9）

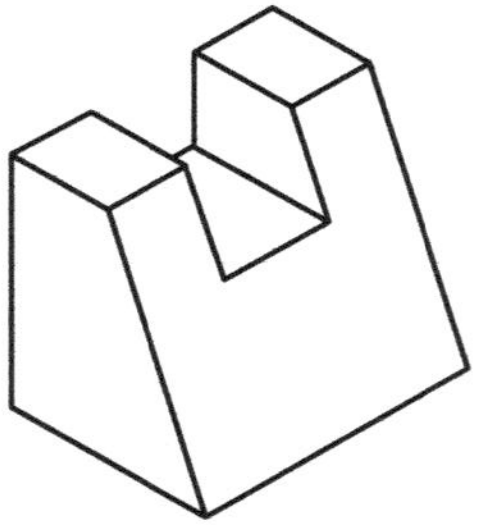

（10）

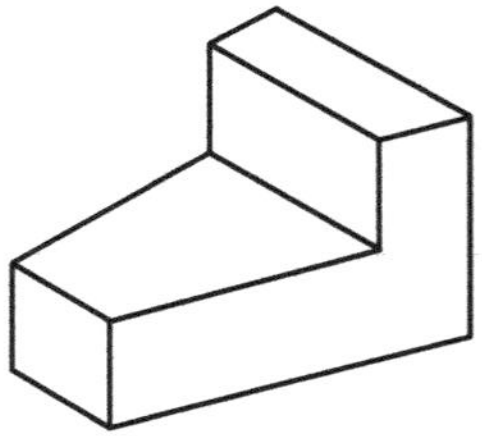

（11）

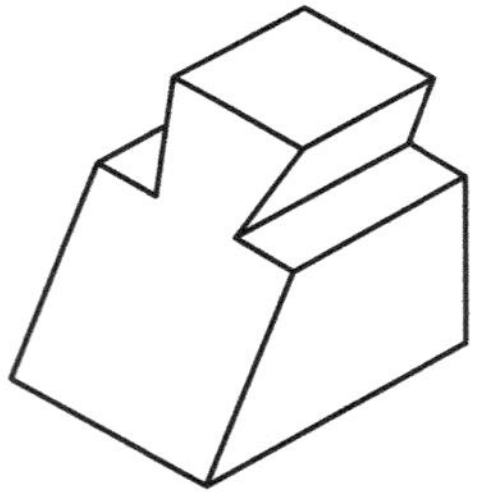

（12）

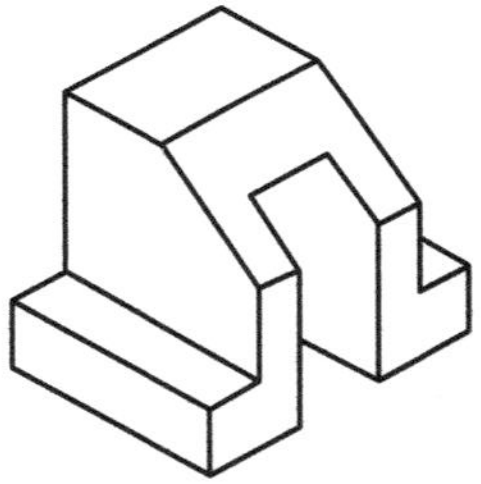

班级　　姓名　　学号

2.2　点、直线、平面的投影练习

1. 点的投影

（1）已知点A、点B的坐标$A(10, 15, 20)$，$B(12, 6, 18)$，求作点A、点B的三面投影。

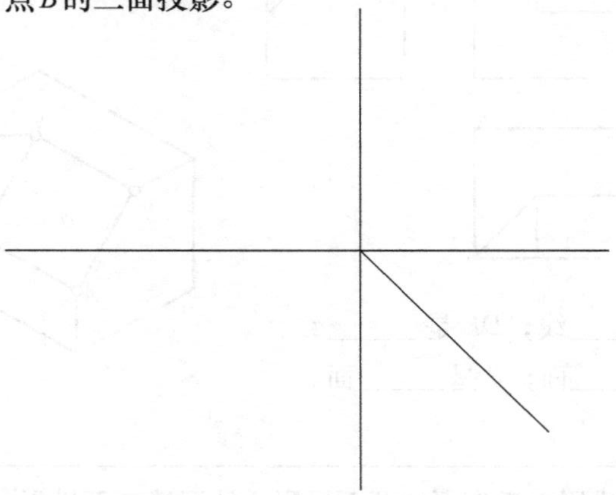

（2）已知点A、点B的两面投影，分别求两点的第三面投影，并分析其空间位置。

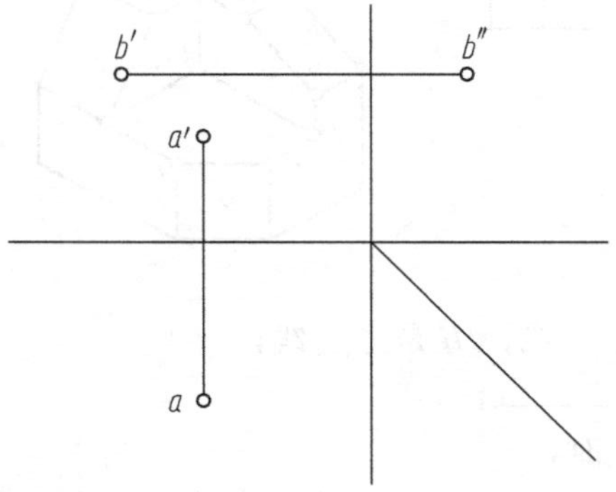

点A在点B（上、下）方；
点A在点B（左、右）方；
点A在点B（前、后）方。

（3）参照立体图，补画三视图中的缺线，并标出点A、点B、点C的视图投影。

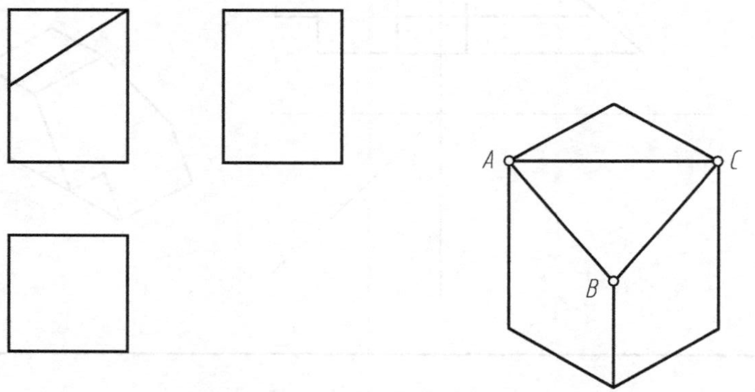

（4）参照三视图，在立体图上标出点A、点B的空间位置，并比较。

点A在点B（左、右）方；
点A在点B（上、下）方；
点A在点B（前、后）方。

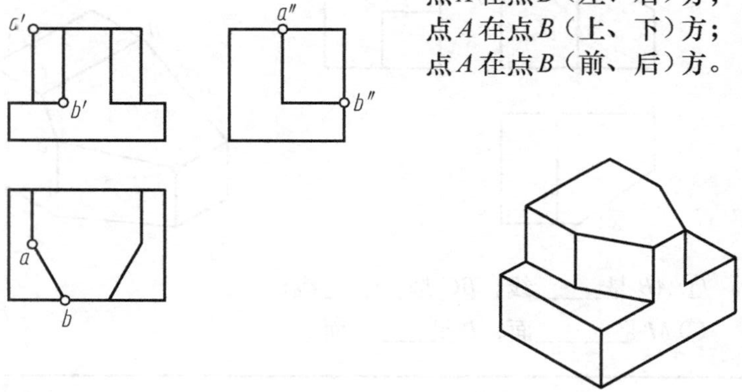

班级　　　　姓名　　　　学号

2. 直线、平面的投影

（1）完成立体图中所标的各点的三面投影，并填空。

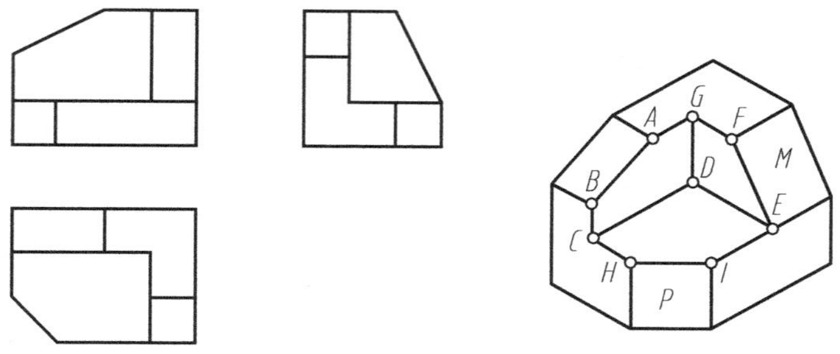

① *AB* 是_____线，*EF* 是_____线，*HI* 是____线；

② 立体中铅垂线有_____、______；

③ *M* 是____面，*P* 是_____面。

（2）完成立体图中所标的各点的三面投影，并填空。

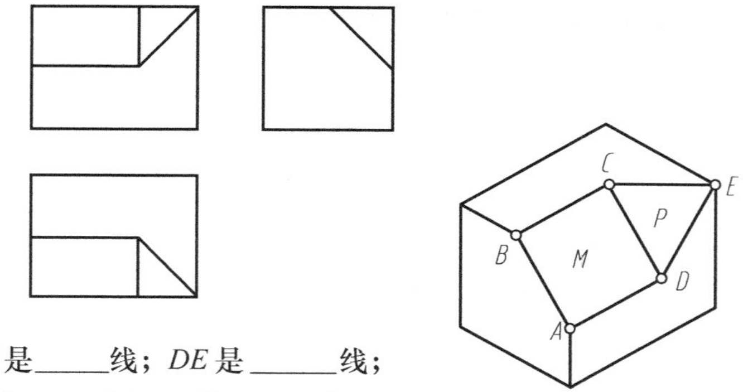

① *AB* 是_____线；*DE* 是______线；

② *M* 是______面；*P* 是______面。

（3）完成立体图中所标的各点的三面投影，并填空。

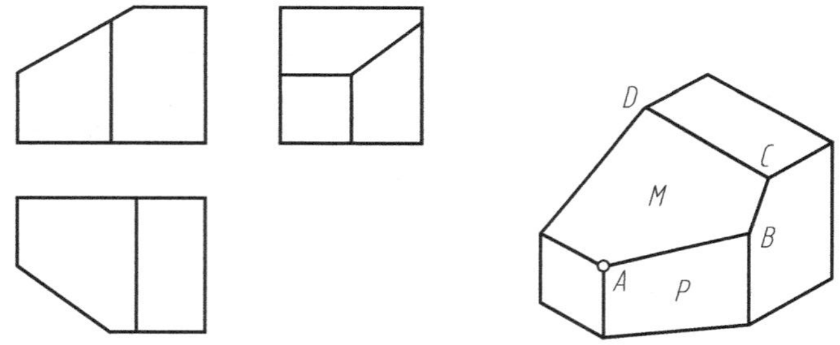

① *AB* 是_____线；*BC* 是______线；

② *M* 是______面；*P* 是______面。

（4）根据投影面垂直面的两面投影，补画第三面投影。

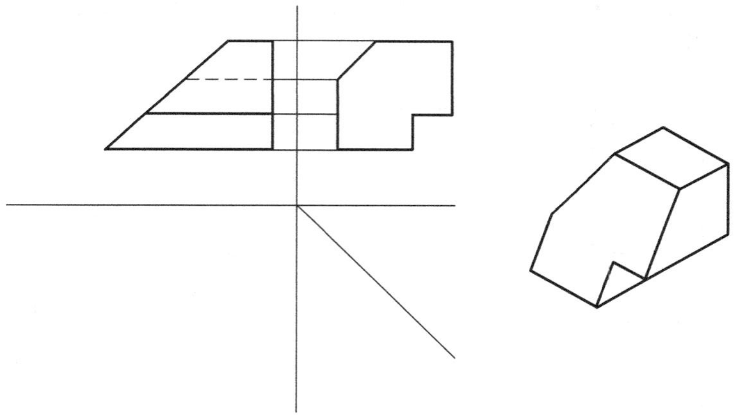

班级　　　　姓名　　　　学号

2.3 基本体的投影

1. 完成棱柱的三视图

（1）

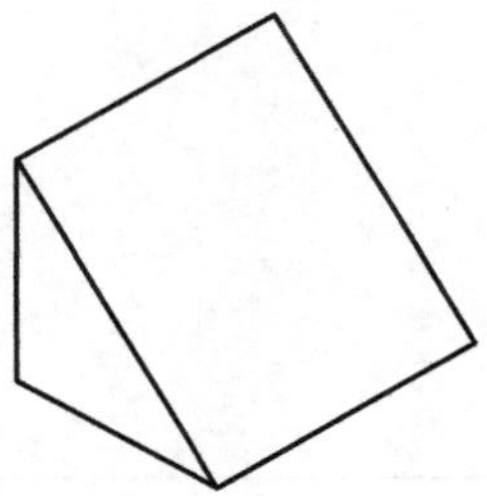

（2）

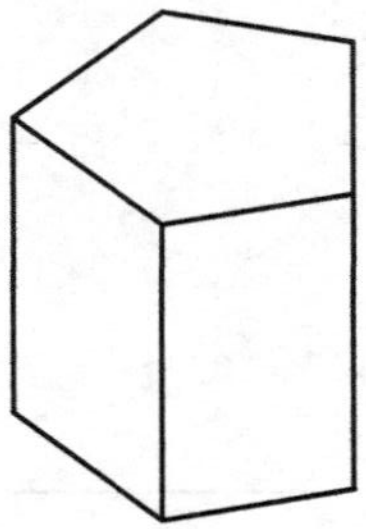

（3）

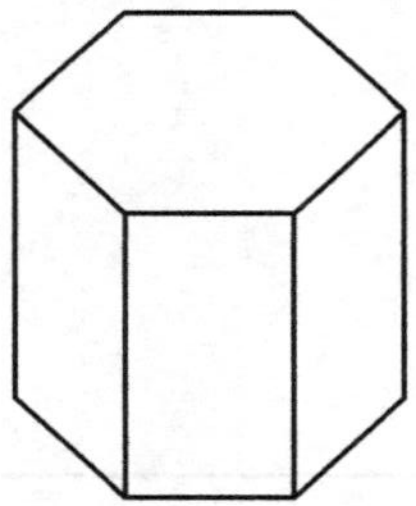

（4）

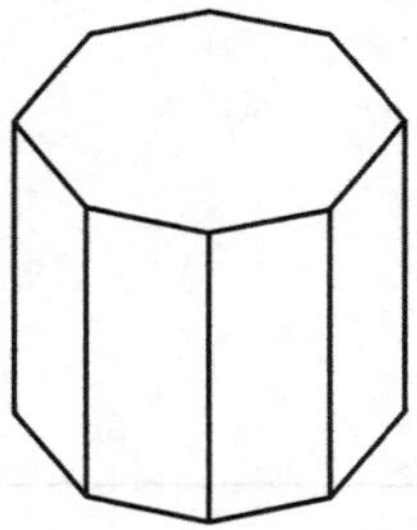

班级　　　　姓名　　　　学号

2. 完成棱锥的三视图

（1）

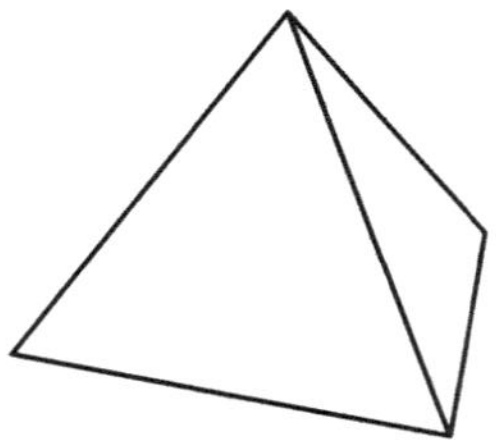

（2）

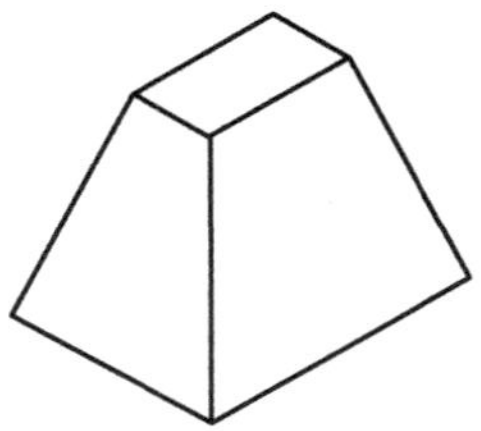

（3）

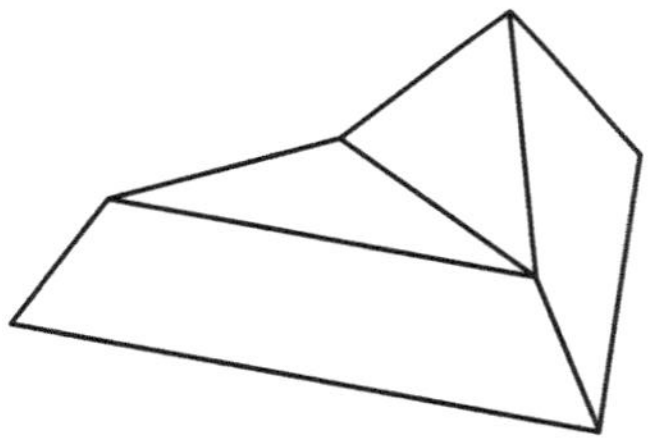

（4）

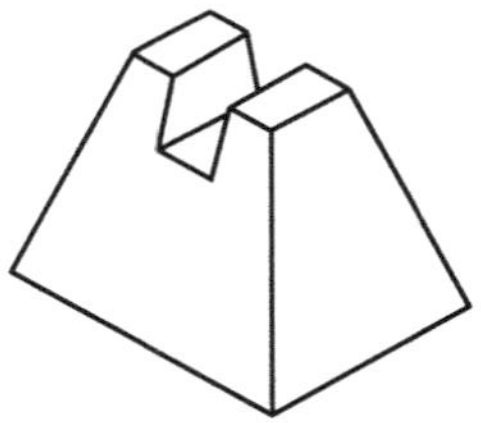

班级　　　　姓名　　　　学号

3. 完成圆柱体的投影

（1）

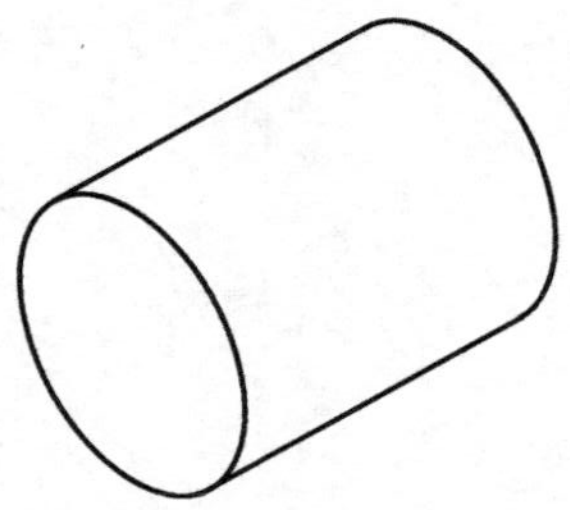

（2）

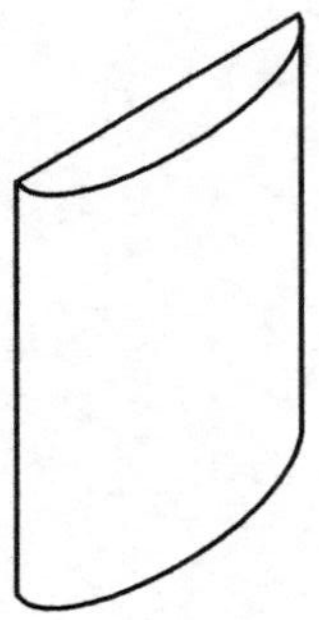

（3）

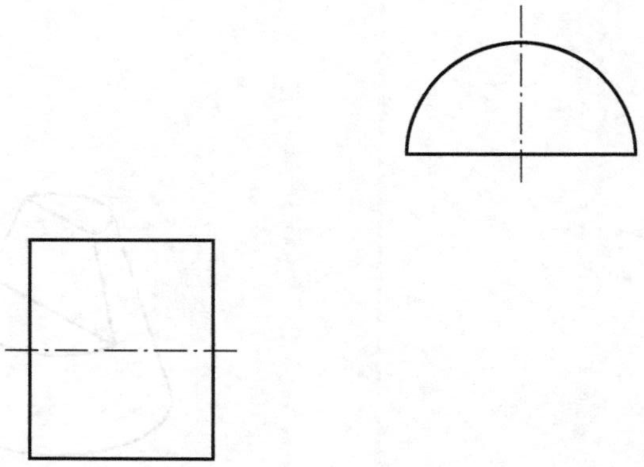

（4）

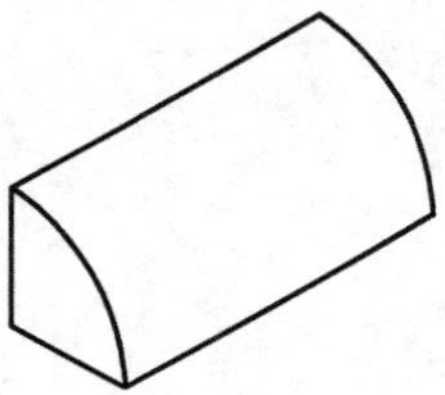

班级　　姓名　　学号

4. 完成圆台的投影

（1）

（2）

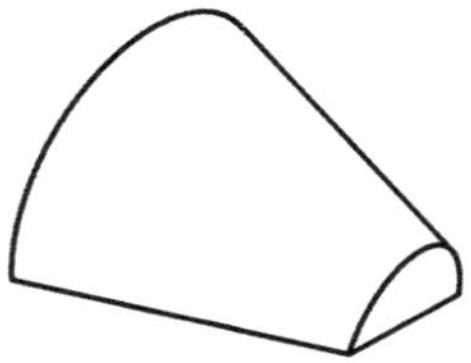

（3）

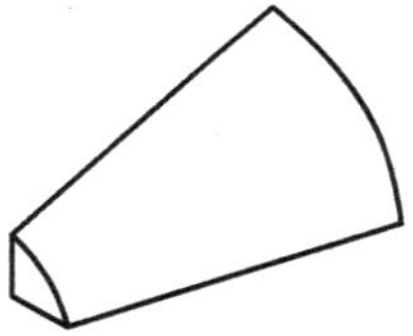

（4）

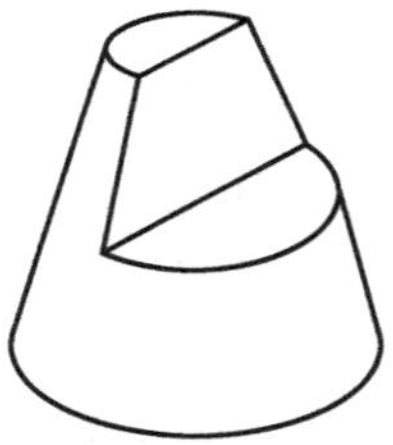

班级　　姓名　　学号

5. 完成圆球的投影

（1）

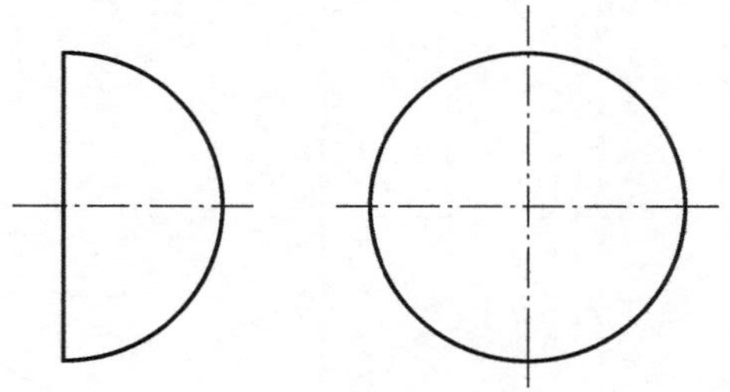

（2）

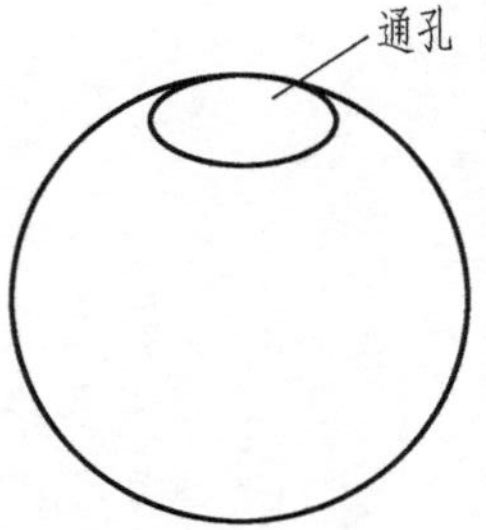

（3）

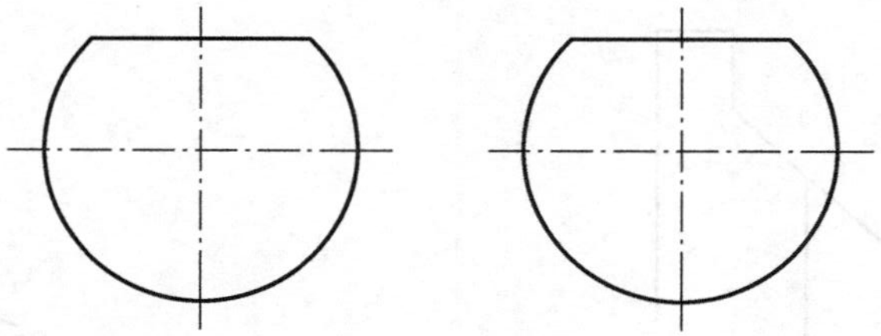

（4）

班级 姓名 学号

2.4 截交线与相贯线的画法

1. 根据轴测图，完成切割体的三视图

（1）

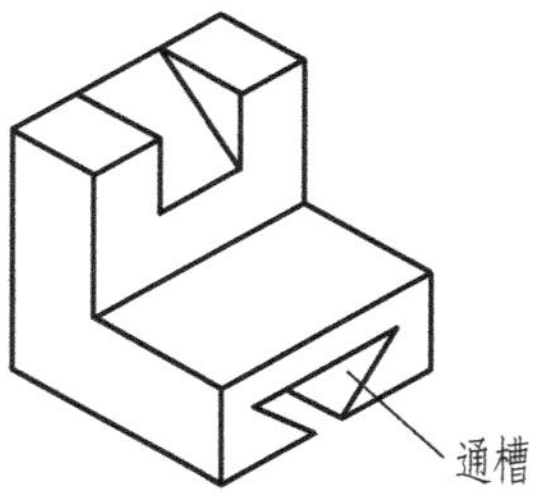

（2）

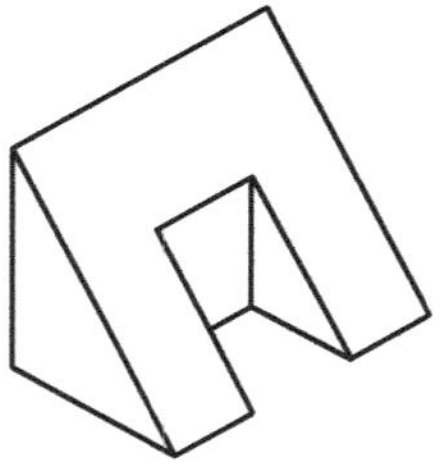

（3）

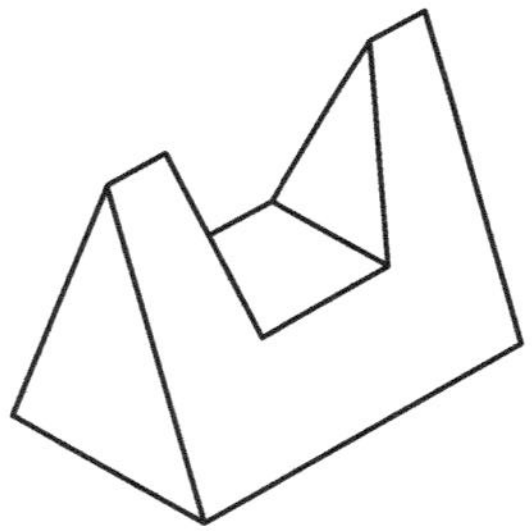

（4）

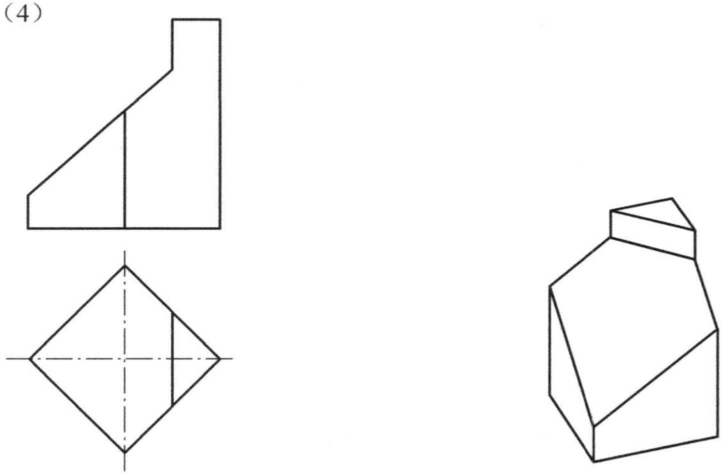

班级　　　　姓名　　　　学号

（5）

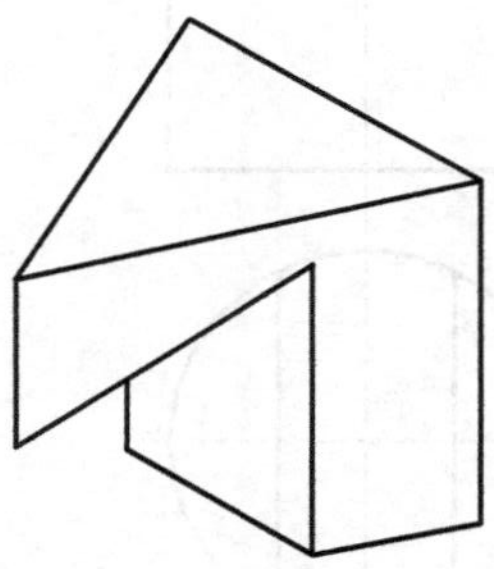

（6）

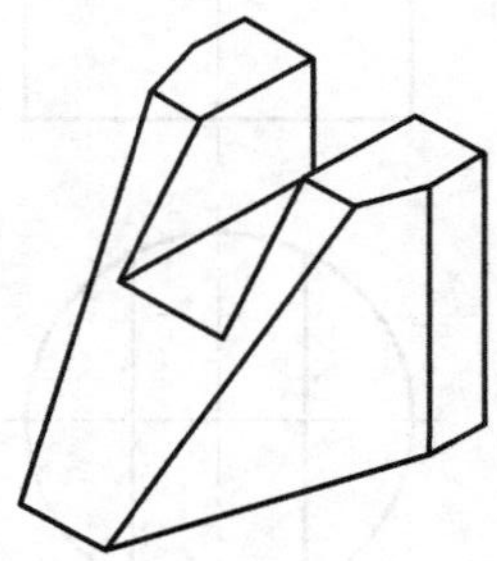

（7）

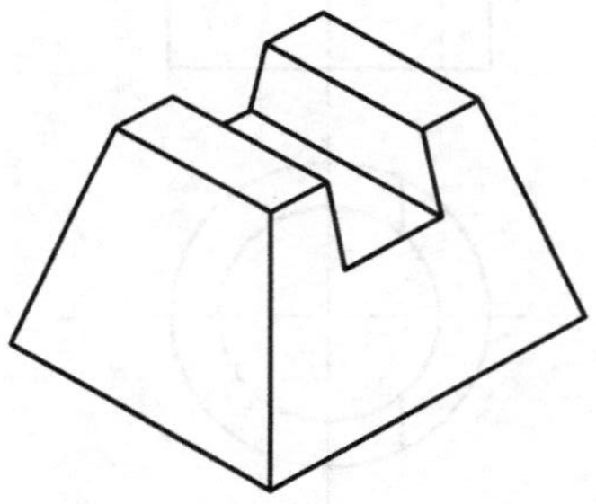

（8）

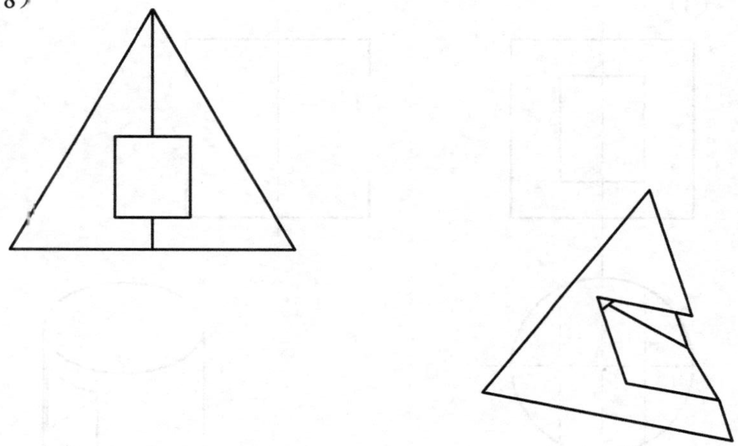

班级　　　　　　　姓名　　　　　　　学号

2. 补画圆柱切割体视图中所缺图线

（1）

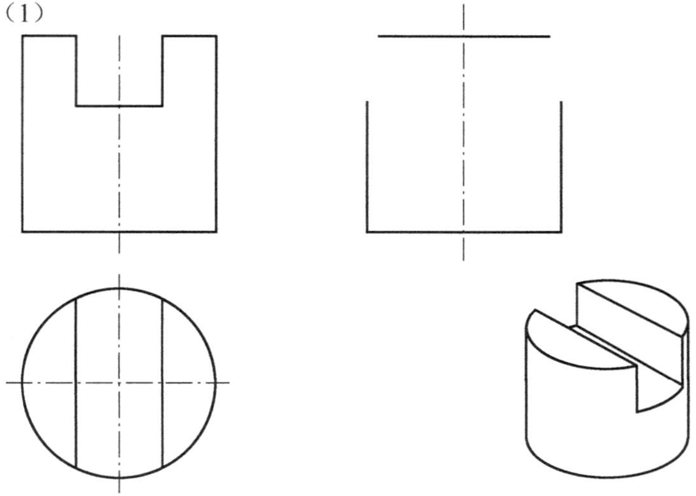

（2）

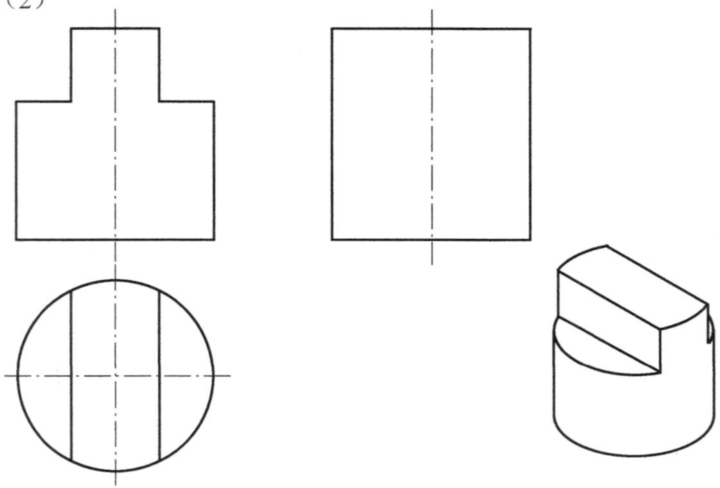

（3）

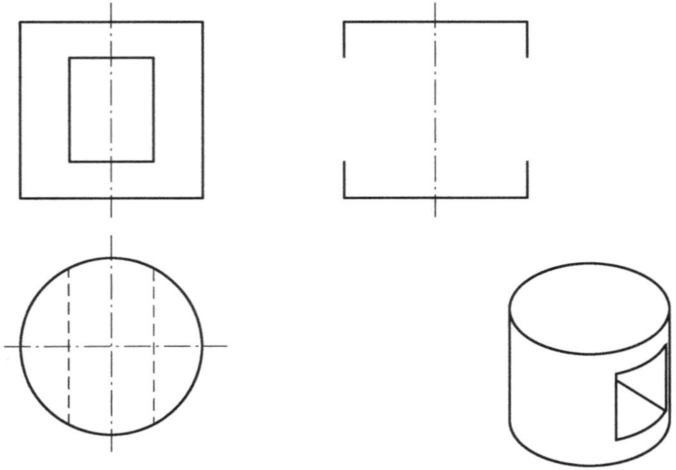

（4）

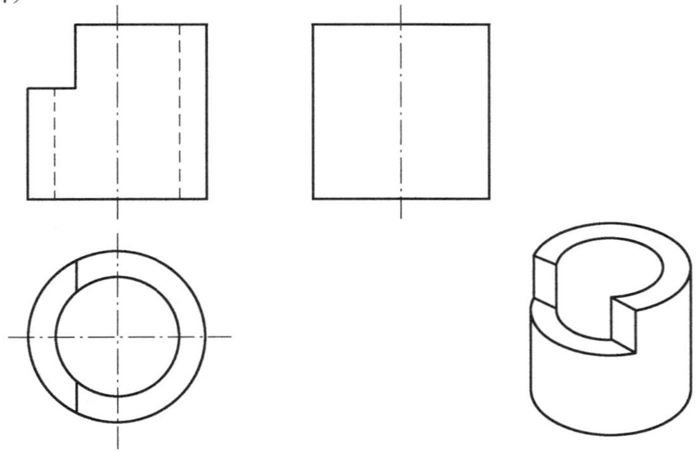

班级　　姓名　　学号

3. 根据轴测图，完成圆柱截交线的投影

（1）

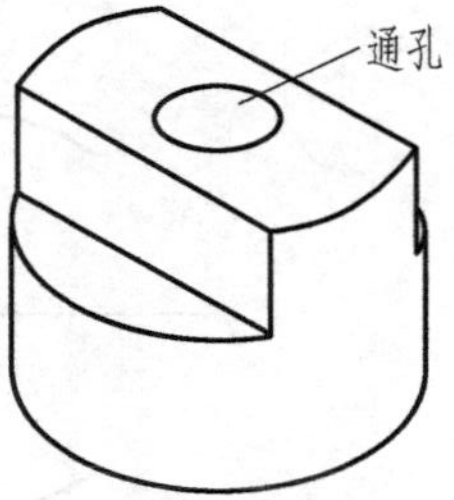

（2）

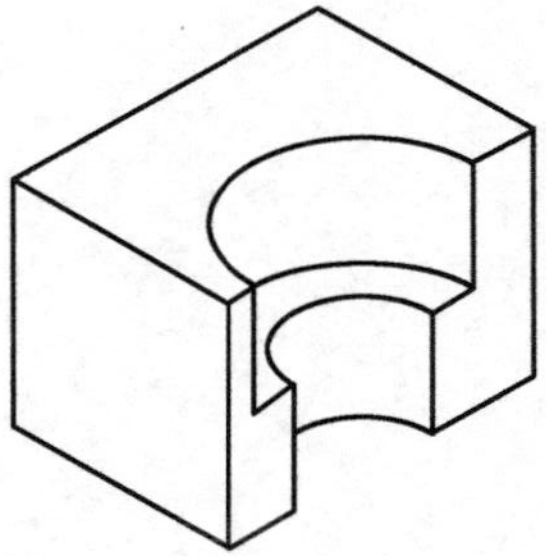

（3）

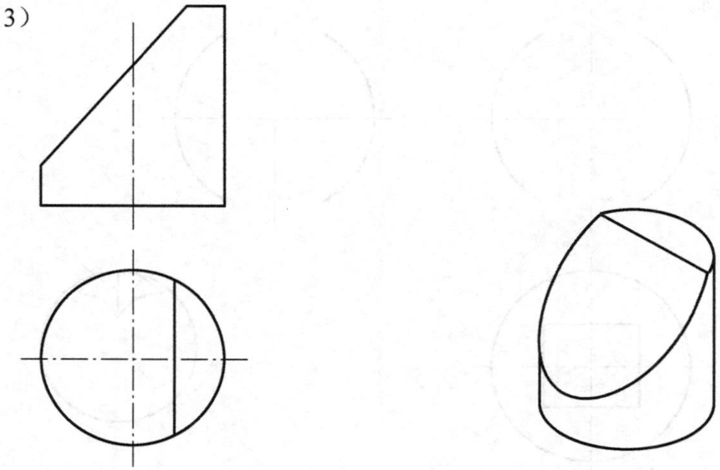

（4）

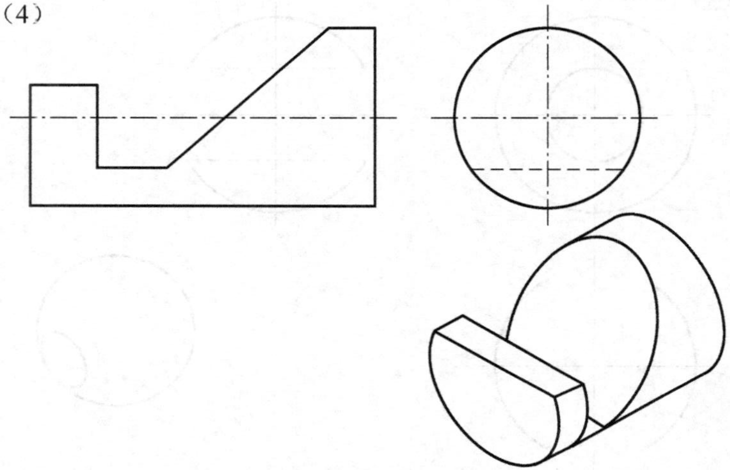

班级　　姓名　　学号

4. 根据轴测图，完成切割体的三视图

（1）

（2）

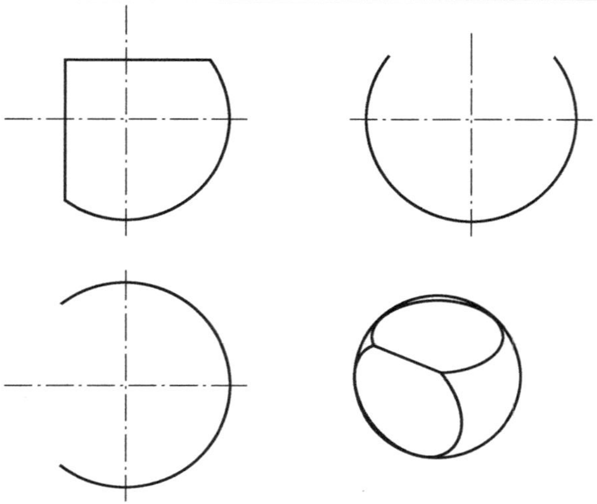

（3）

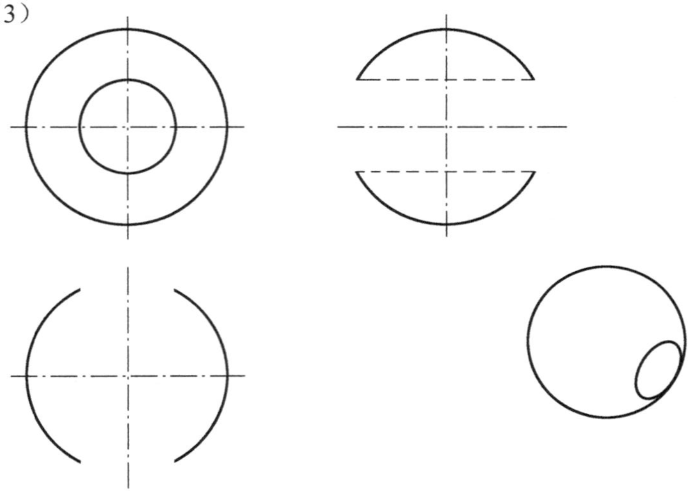

（4）

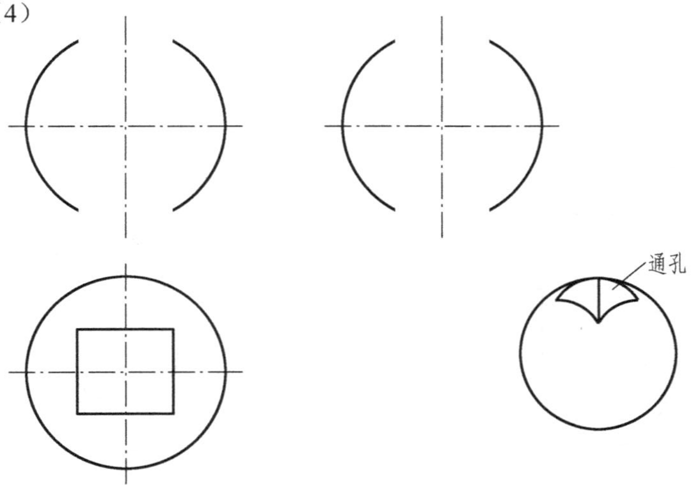

班级　　姓名　　学号

5. 求圆柱相贯线的投影

（1）

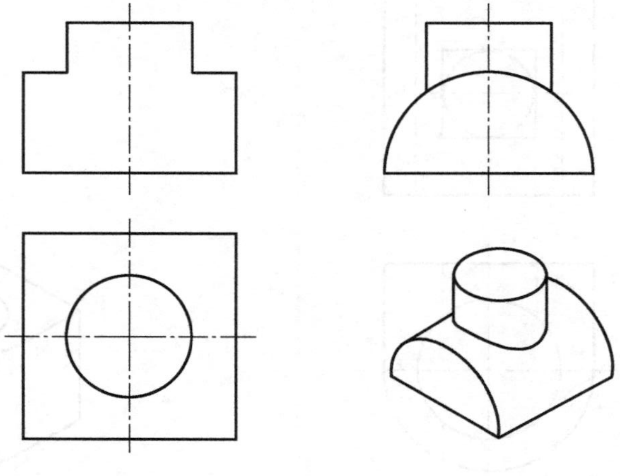

（2）

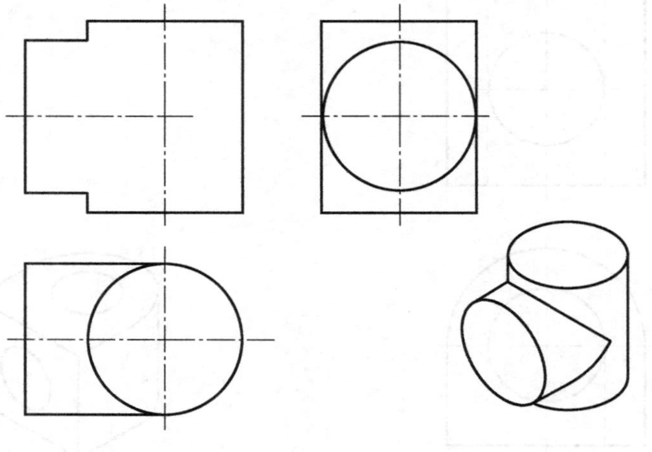

（3）

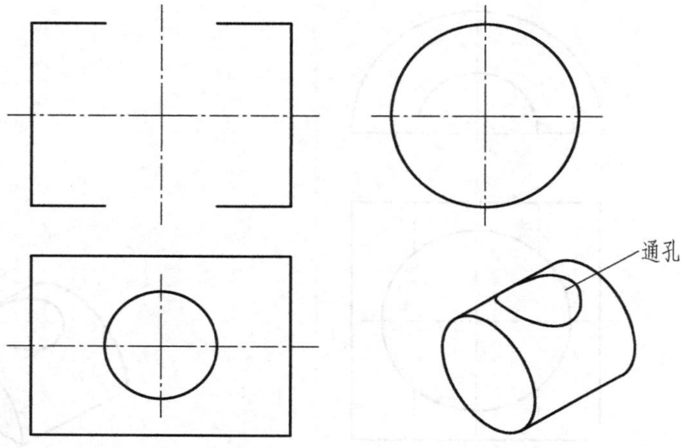

（4）

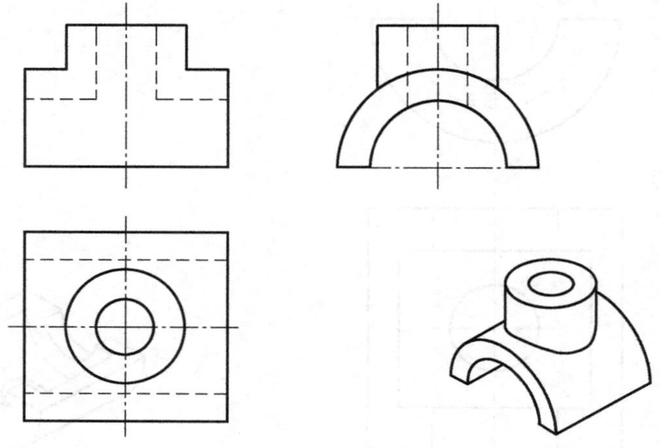

班级　　　　姓名　　　　学号

6. 根据主、俯视图，补画左视图

（1）

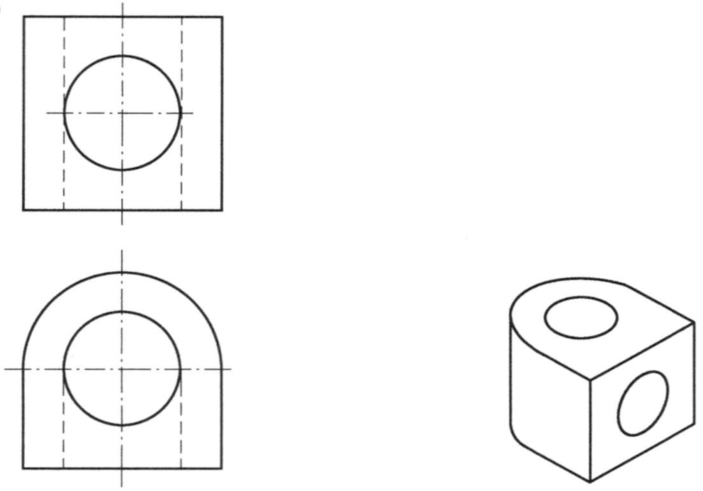

（2）

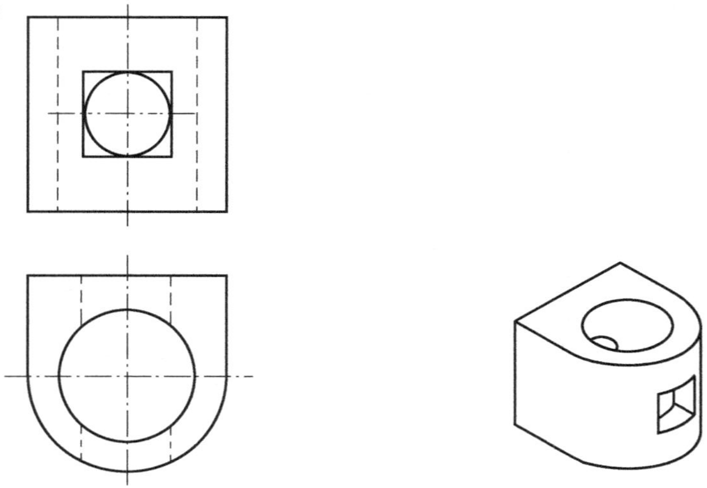

（3）

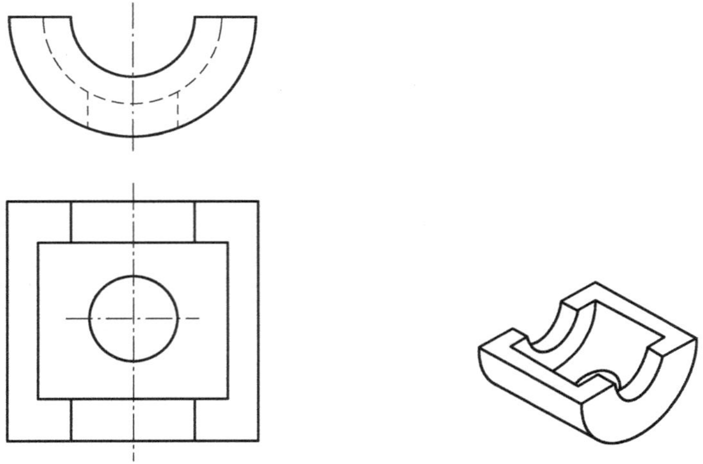

（4）

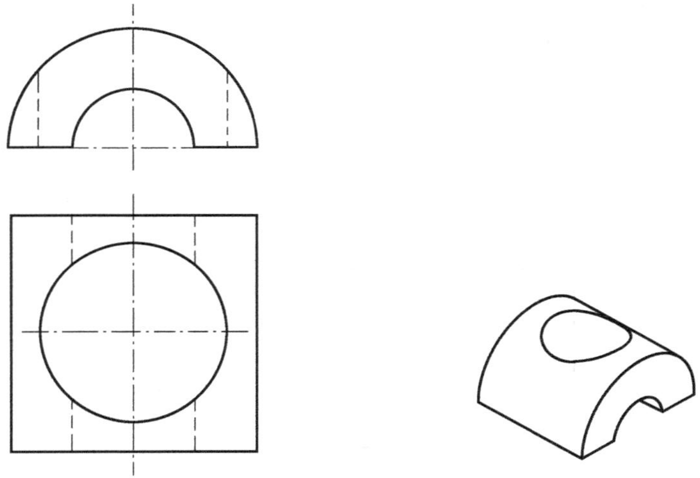

班级　　姓名　　学号

7. 求相贯线的投影

（1）

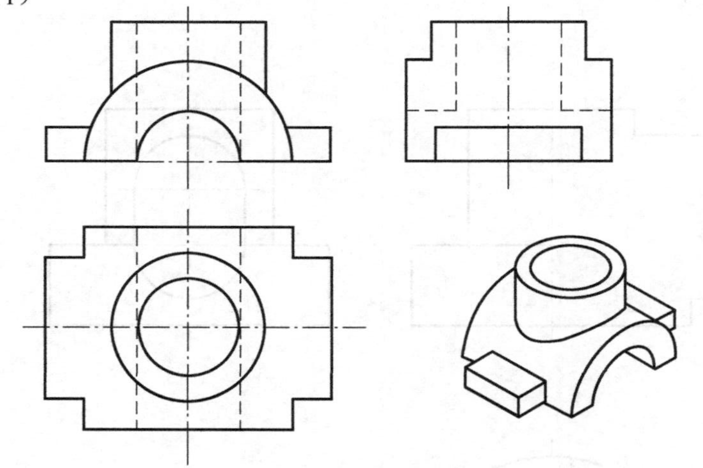

（2）

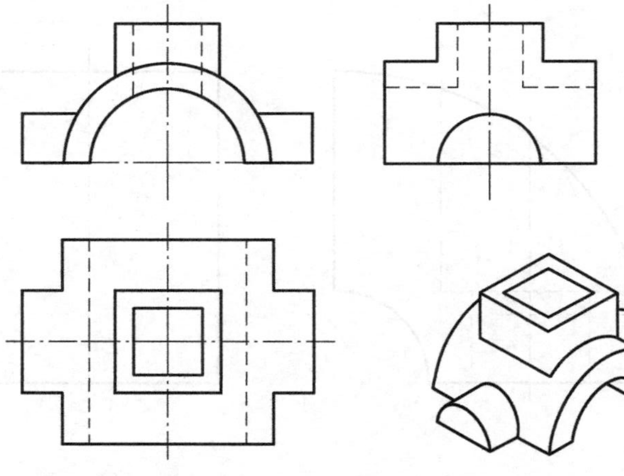

（3）

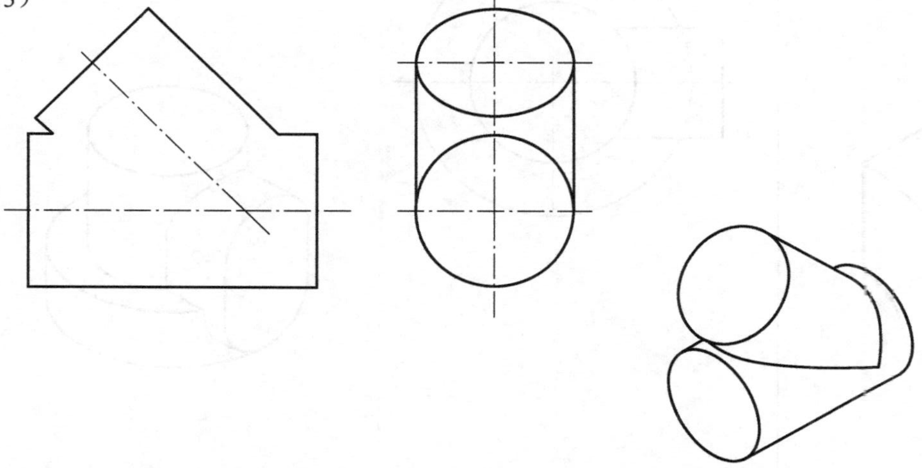

（4）

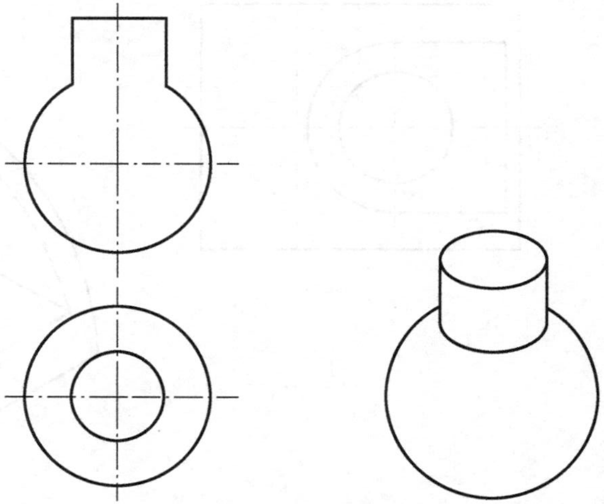

班级　　　　姓名　　　　学号

8. 补全视图中所缺图线

（1）

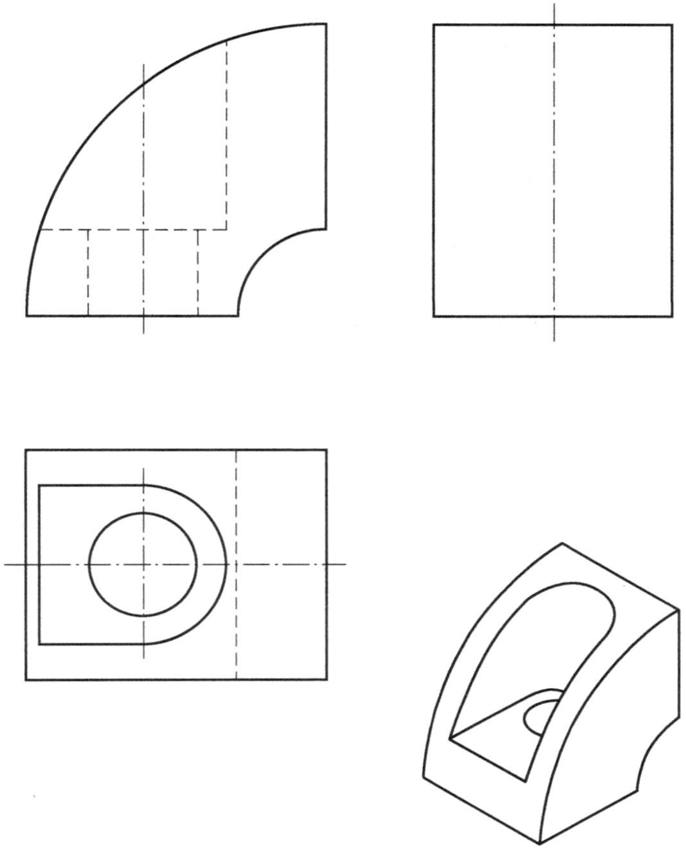

（2）

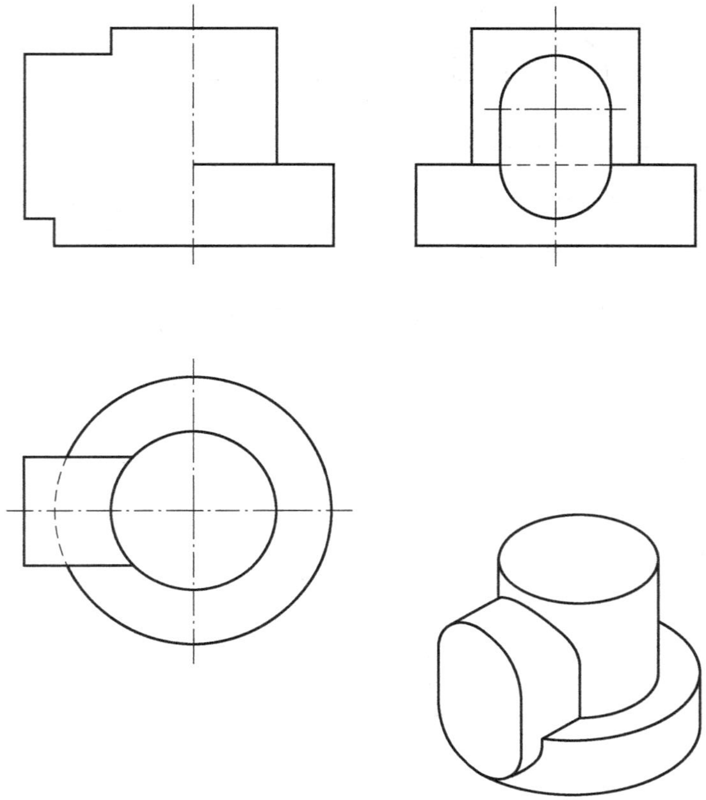

班级　　姓名　　学号

9. 求相贯线的投影，并补全视图

（1）

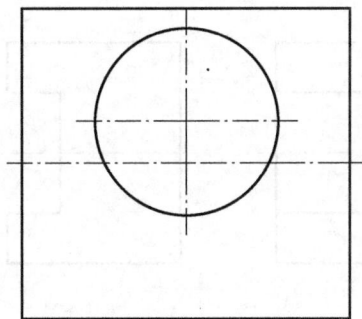

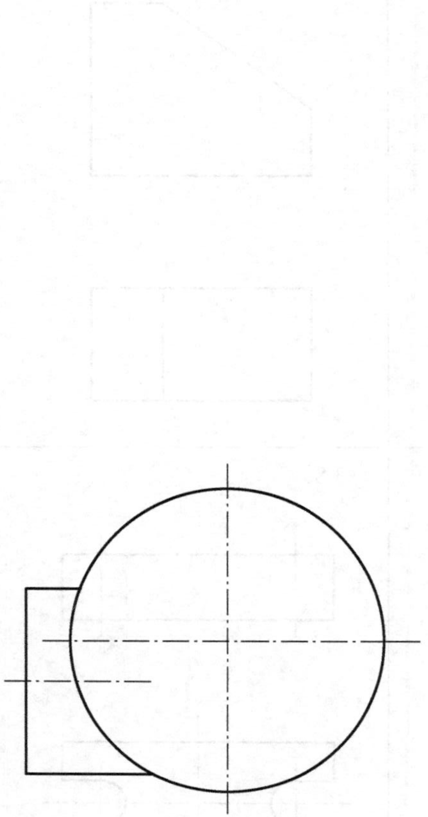

（2）

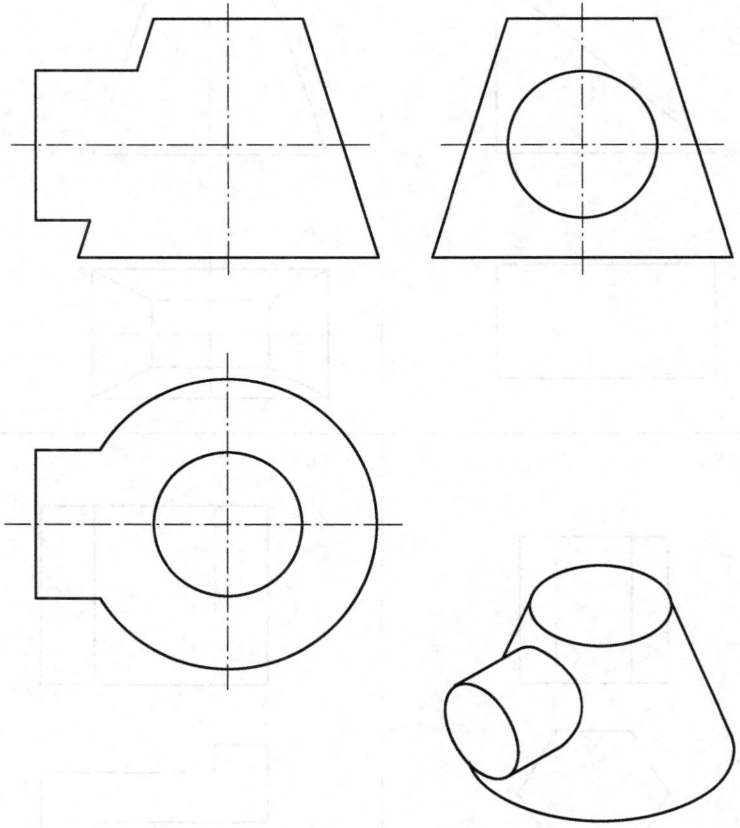

班级　　　　姓名　　　　学号

2.5 基本体的尺寸标注

1. 标注下列平面立体图形中的尺寸（数值从图中量取，取整数）

（1）

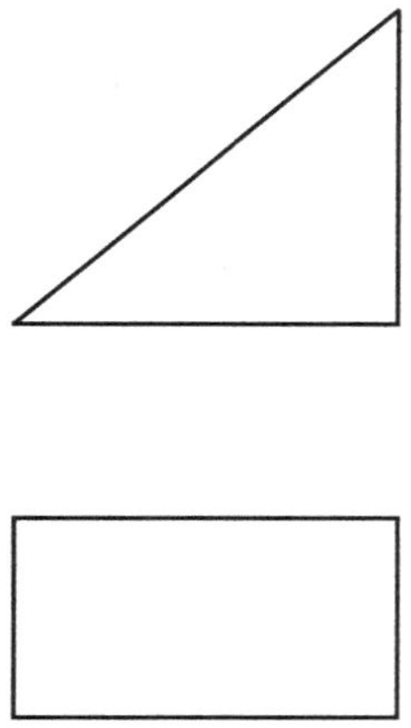

（2）

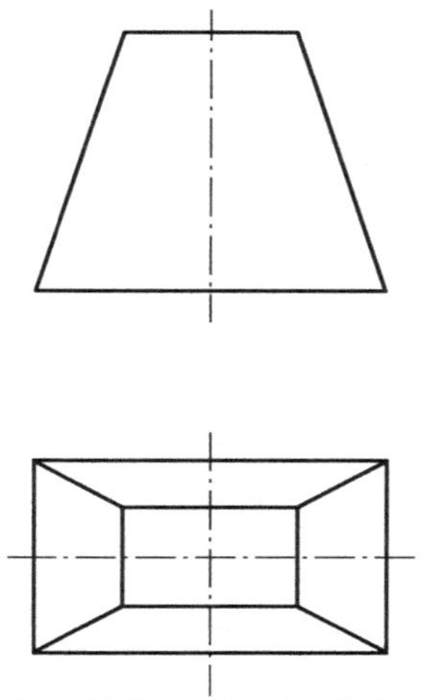

（3）

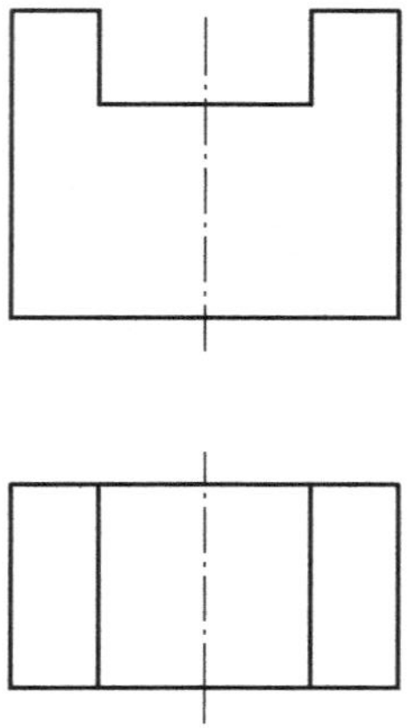

（4）

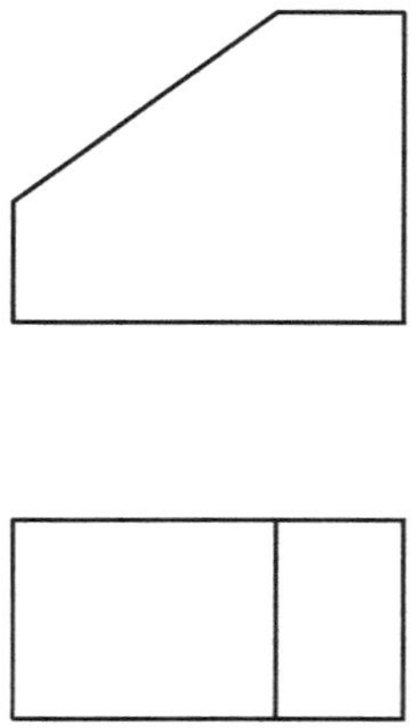

（5）

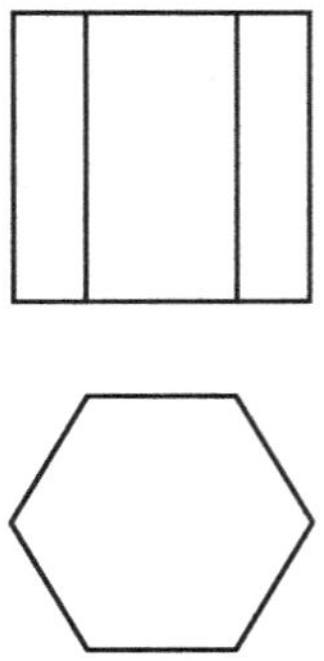

（6）

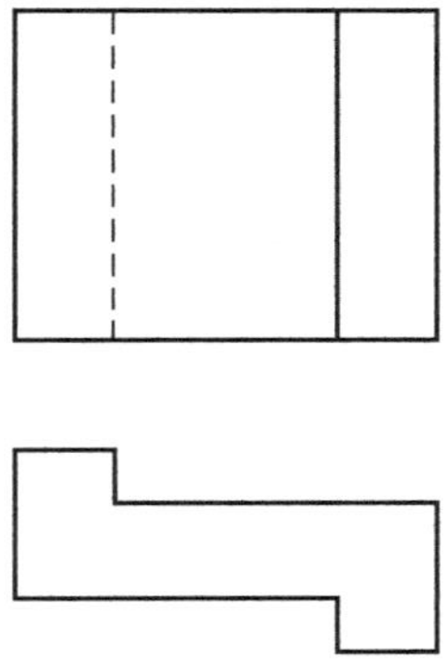

（7）

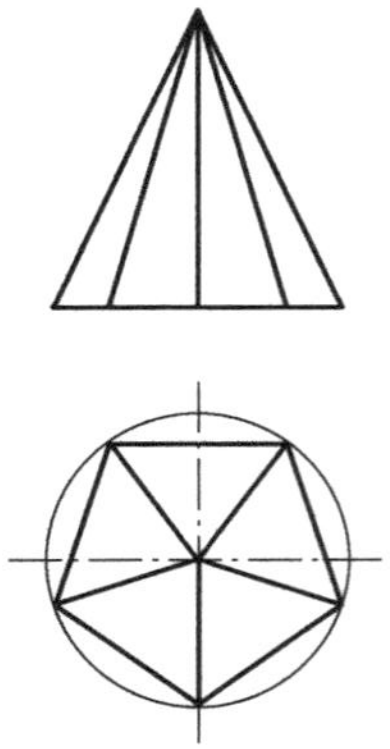

（8）

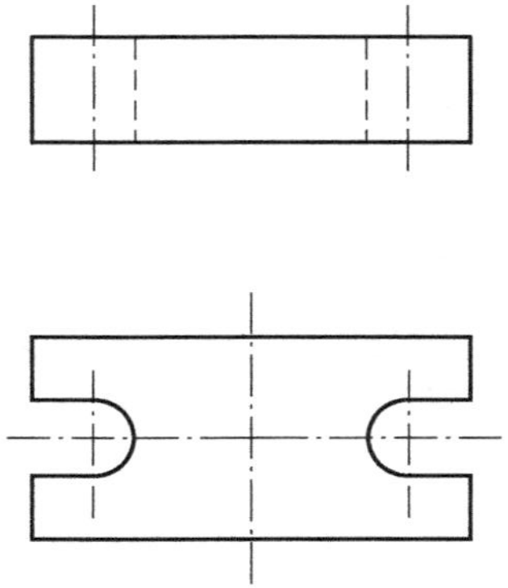

班级　　姓名　　学号

2. 标注下列曲面立体图形中的尺寸(数值从图中量取，取整数)

(1)

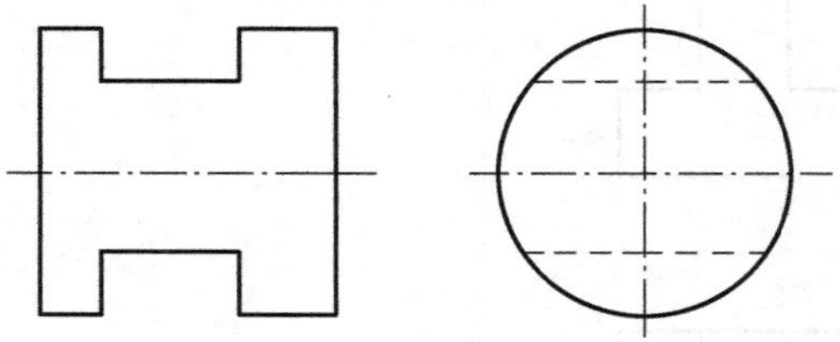

(2)

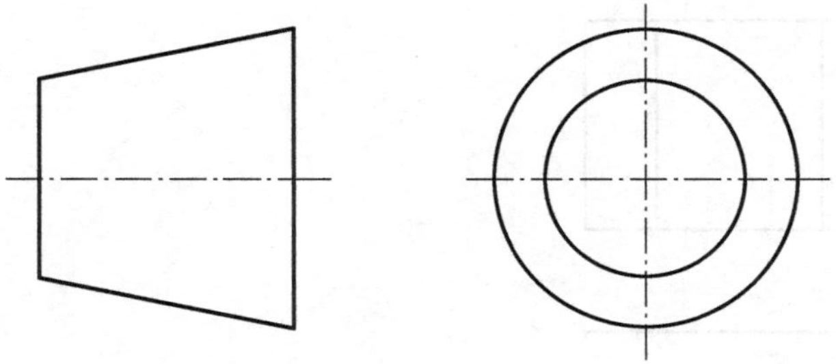

(3)

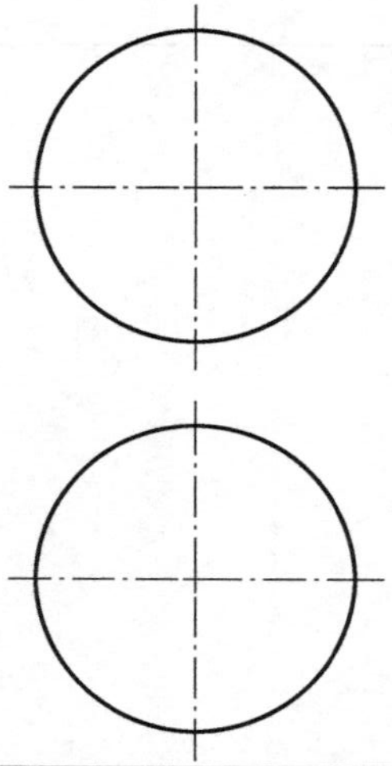

(4)

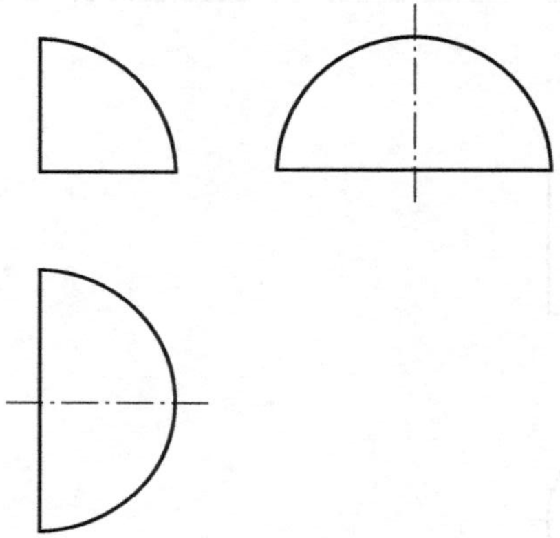

2.6　轴测图的画法

1. 根据两视图，画正等轴测图

（1）

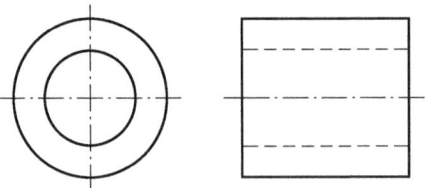

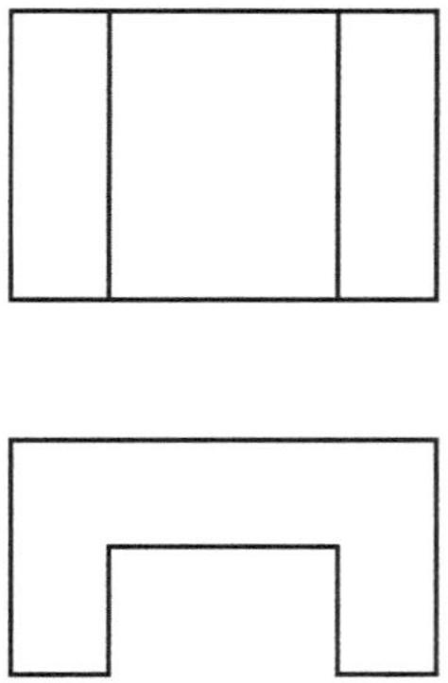

（2）

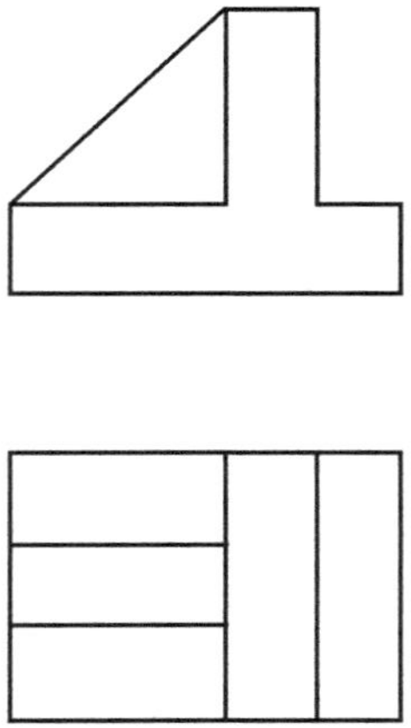

（3）

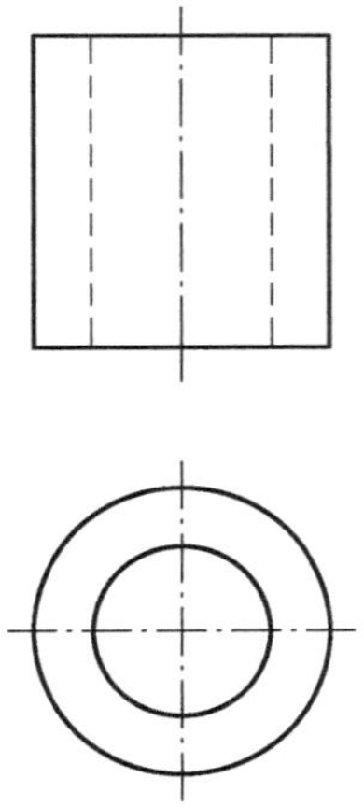

（4）

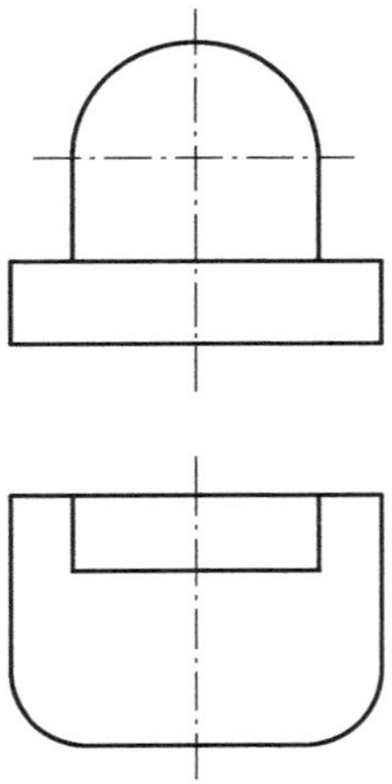

班级　　　　姓名　　　　学号

2. 根据两视图，画斜二等轴测图

（1）

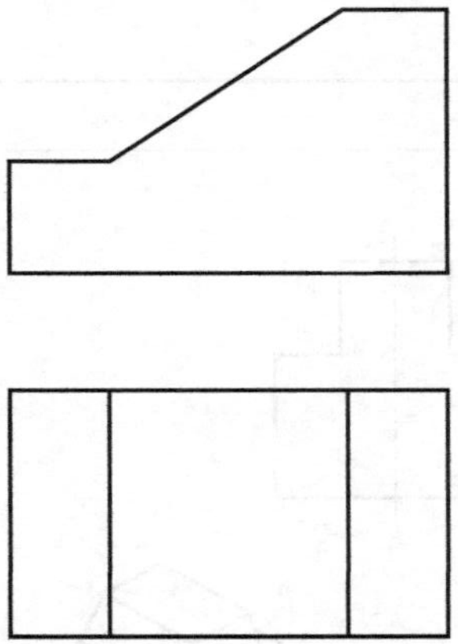

（2）

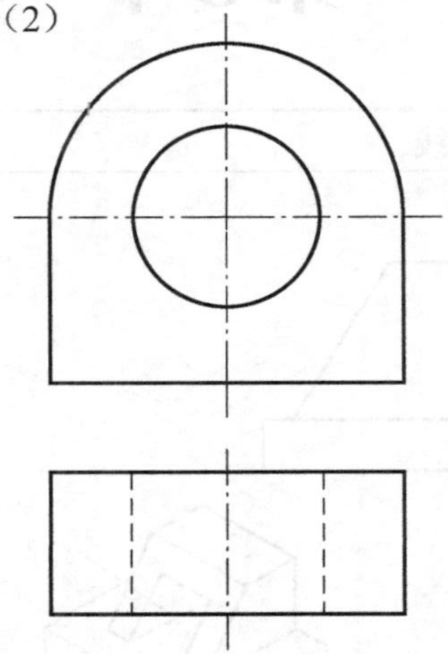

（3）

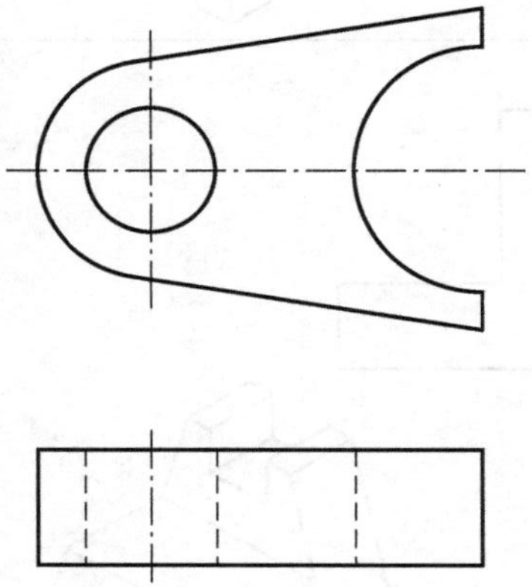

（4）

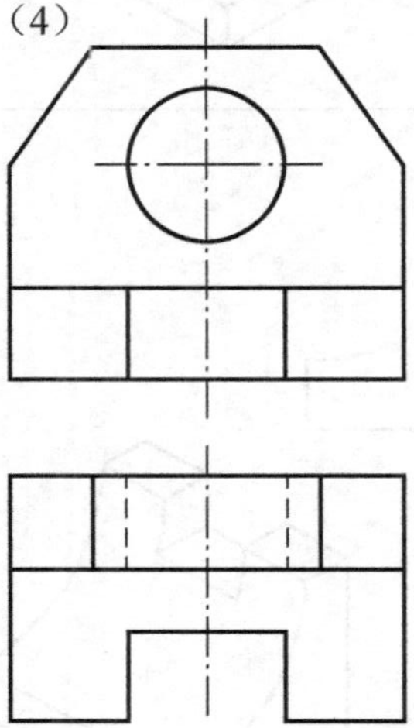

班级　　　　姓名　　　　学号

第3章　组　合　体

3.1　补全组合体视图缺线

1. 根据轴测图补全视图中所缺的图线

（1）

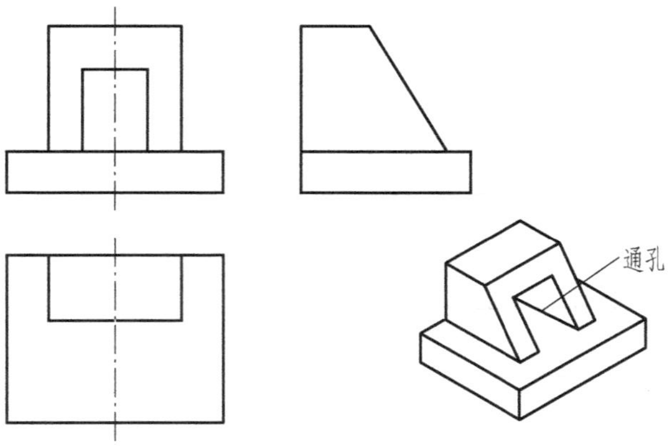

（2）

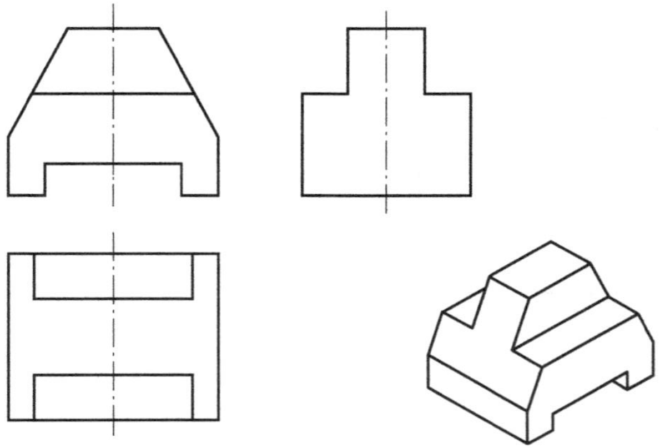

（3）

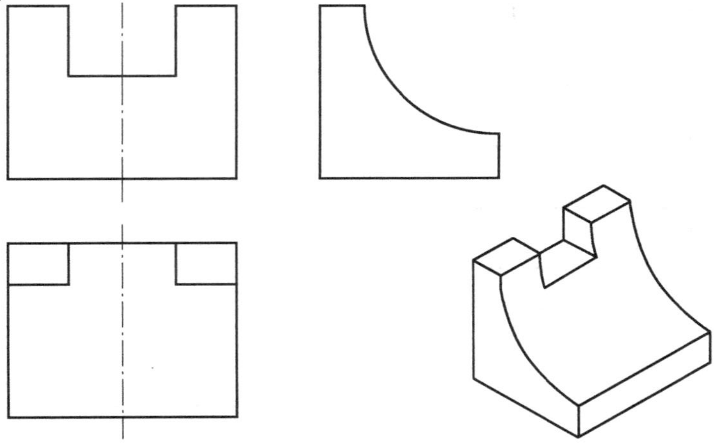

（4）

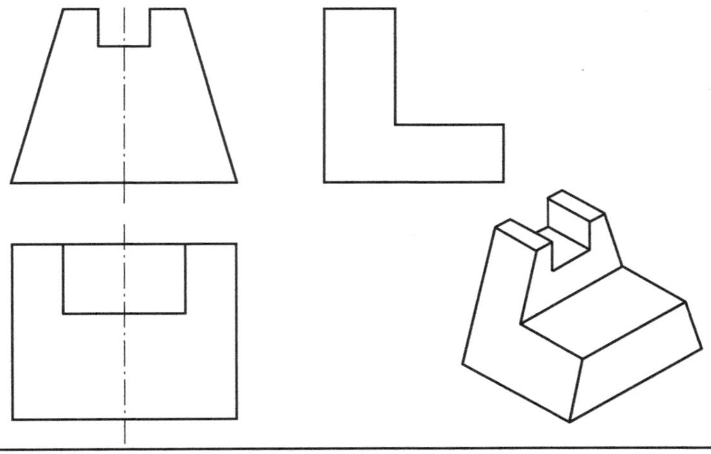

班级　　　　姓名　　　　学号

2. 补全视图中所缺的图线(一)

(1)

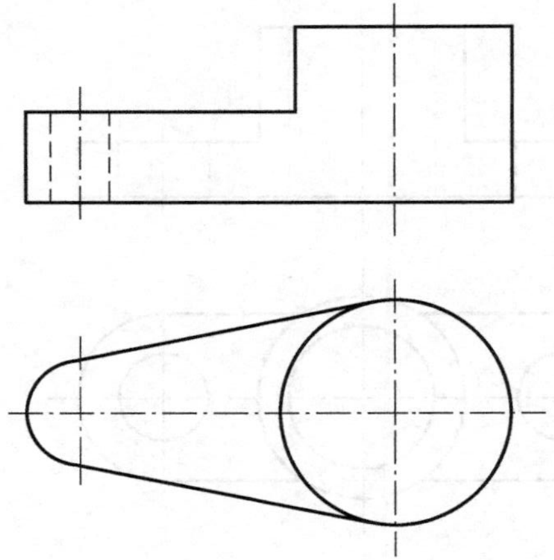

(2)

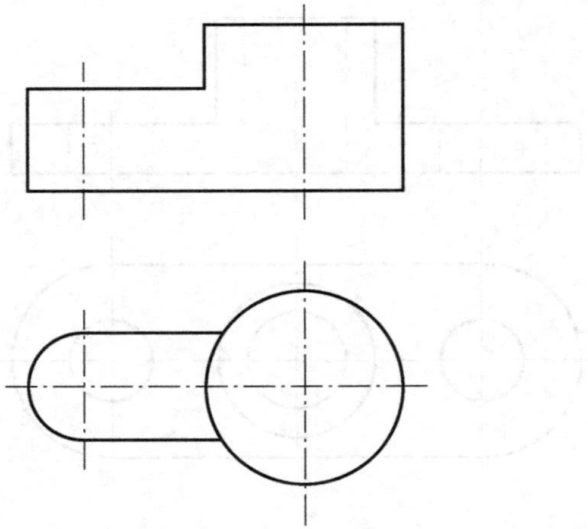

(3)

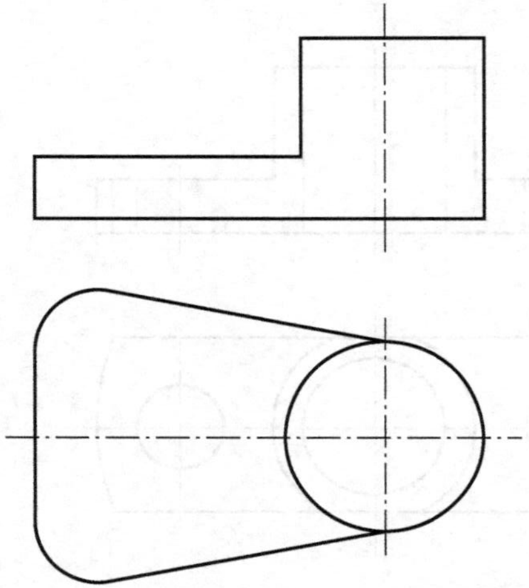

(4)

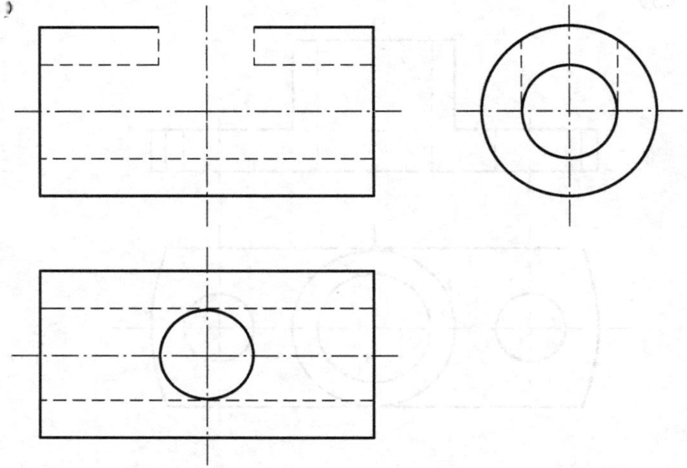

班级　　　　姓名　　　　学号

3. 补全视图中所缺的图线(二)

(1)

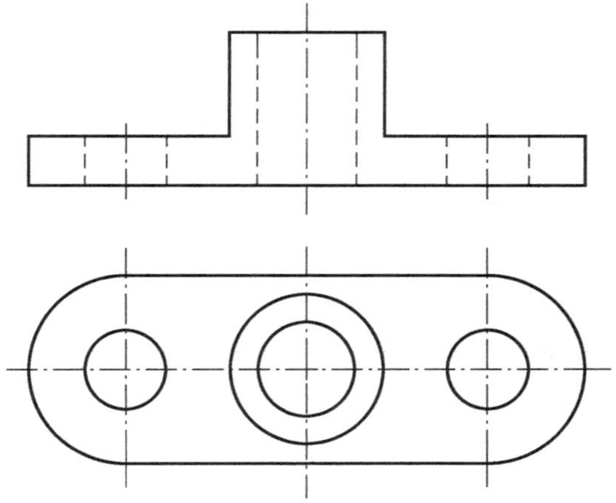

(2)

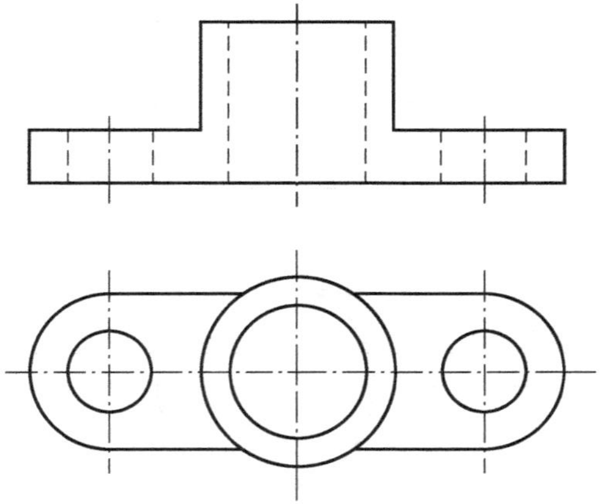

(3)

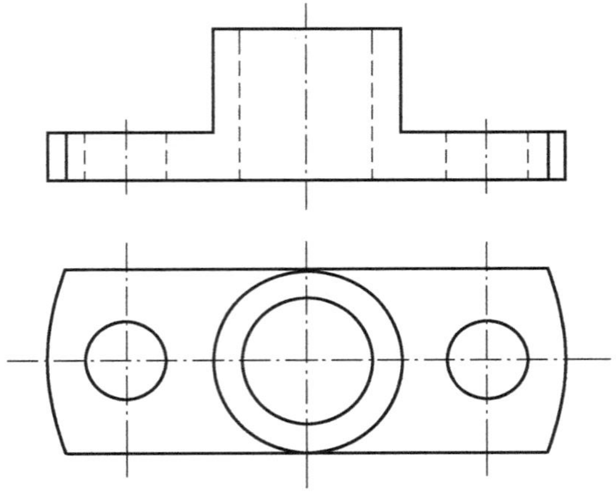

(4)

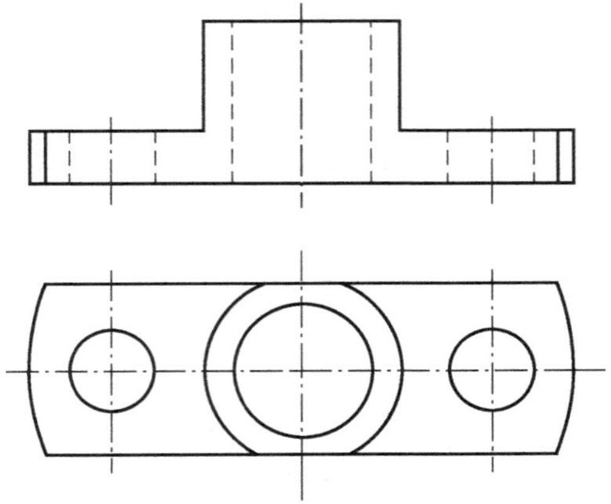

班级　　姓名　　学号

3.2　画组合体三视图

根据下面的轴测图在A4纸张上画组合体三视图。

（1）

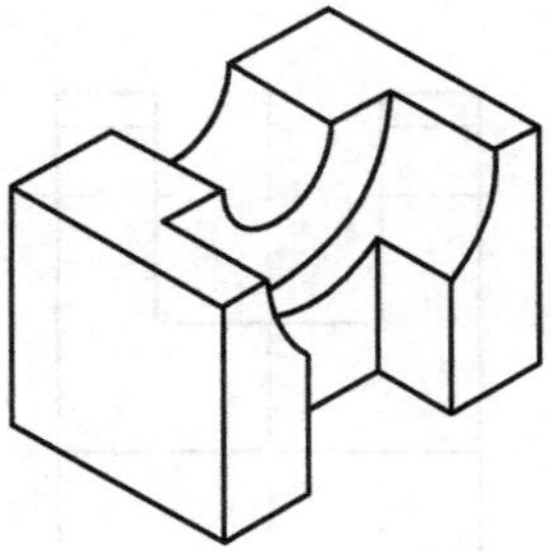

（2）

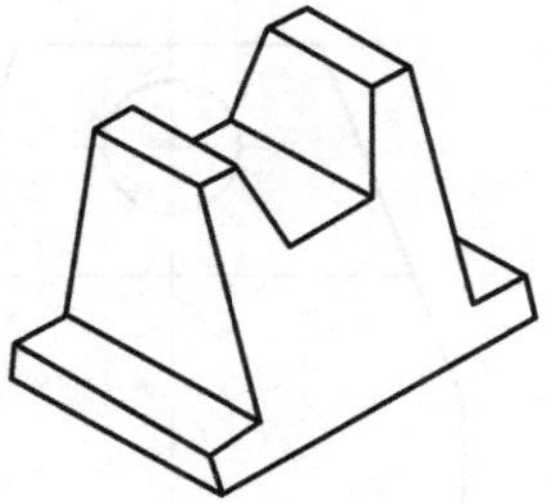

（3）

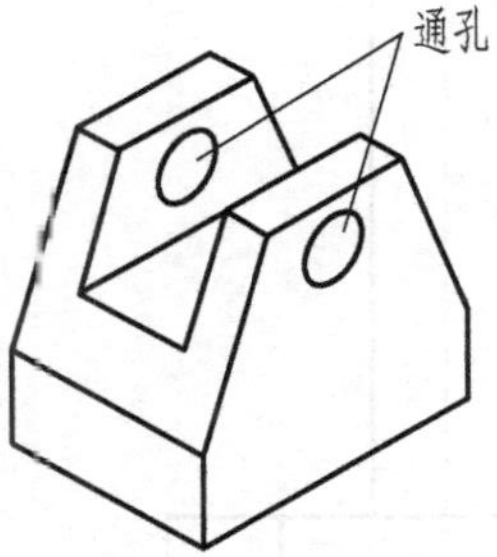

（4）

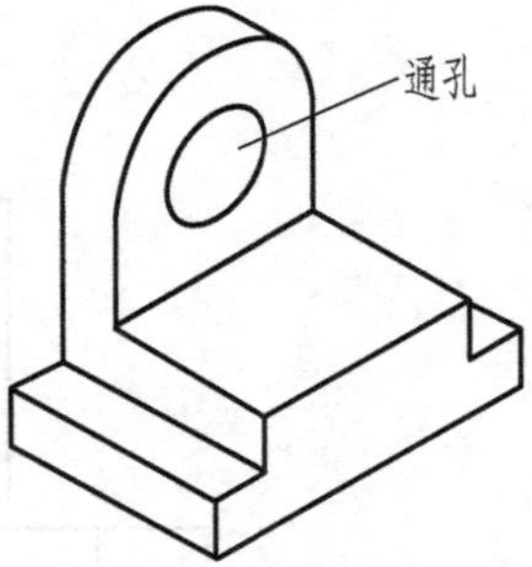

（5）

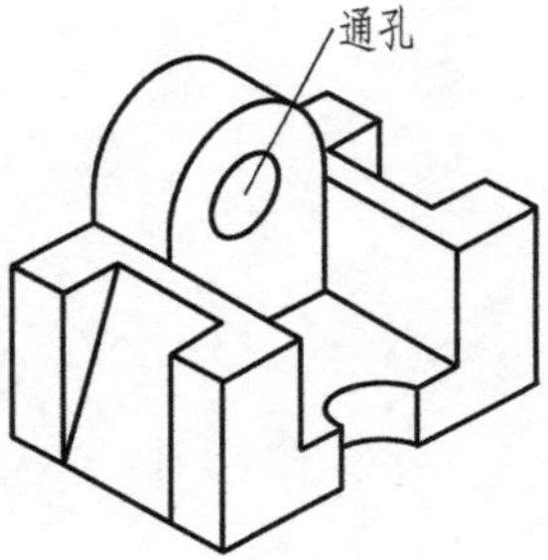

（6）

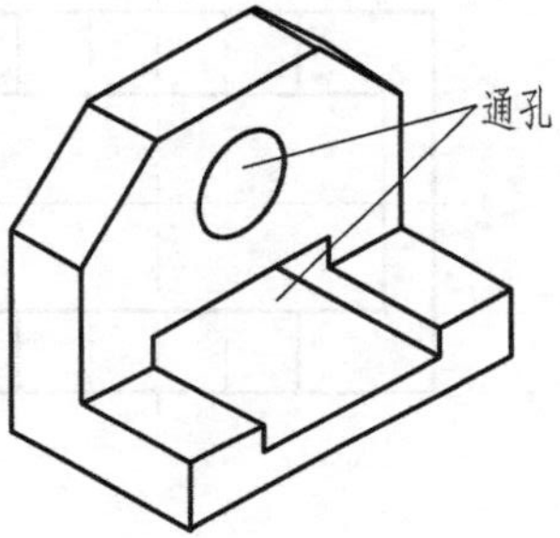

（7）

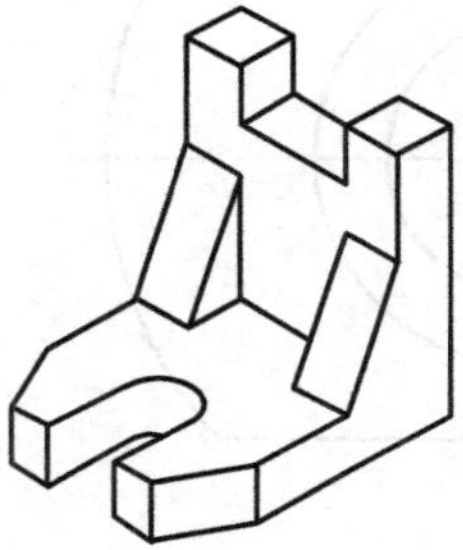

（8）

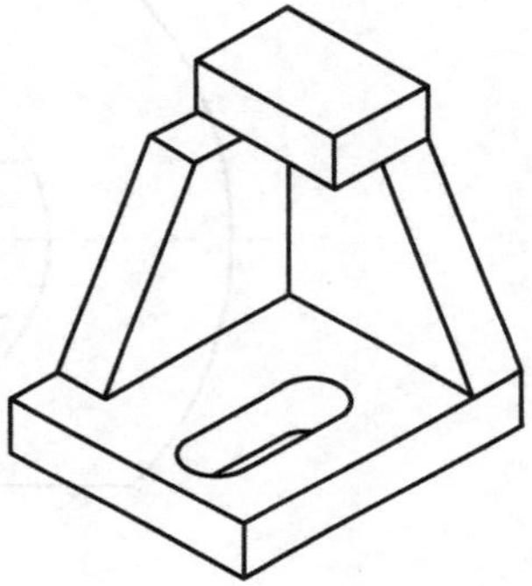

班级　　　　姓名　　　　学号

3.3 组合体的尺寸标注

标注下列图形中的尺寸（数值从图中量取，取整数）。

（1）

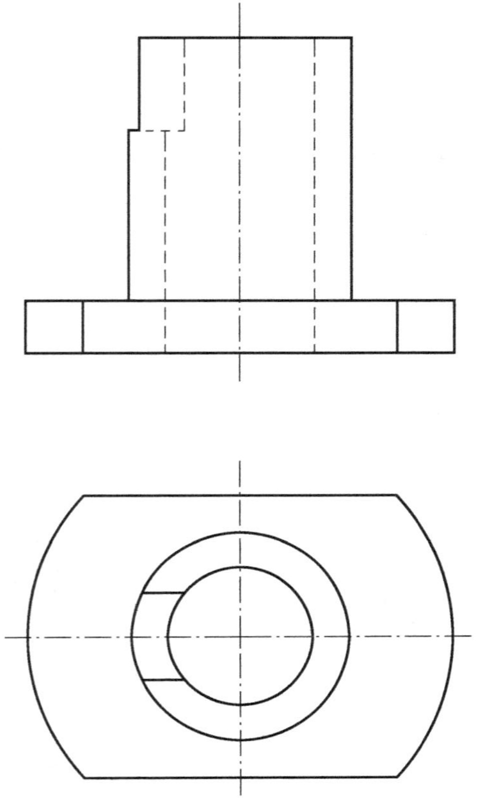

（2）

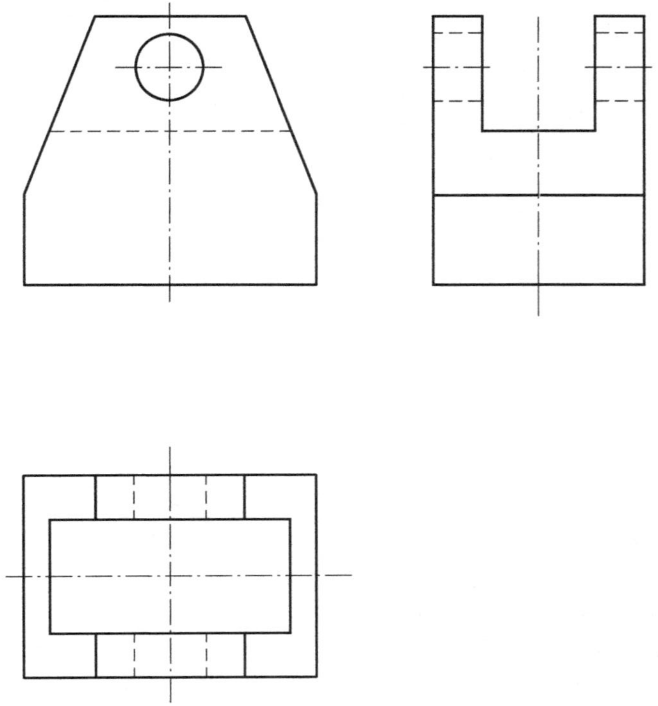

班级　　　　姓名　　　　学号

（3）

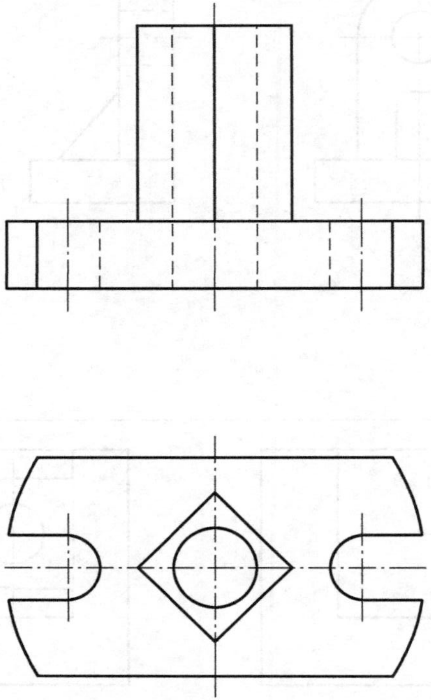

（4）

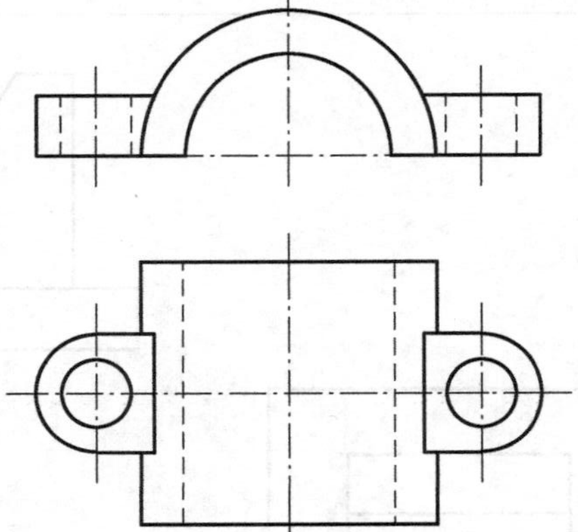

（5）

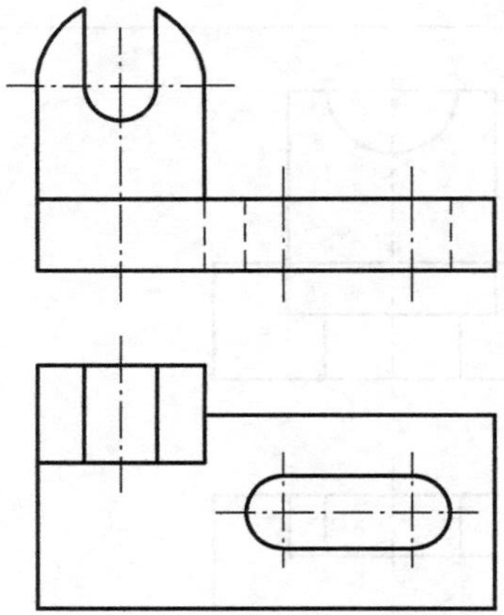

班级 姓名 学号

3.4 根据组合体两视图补画第三视图

1. 根据两视图，补画第三视图

（1）

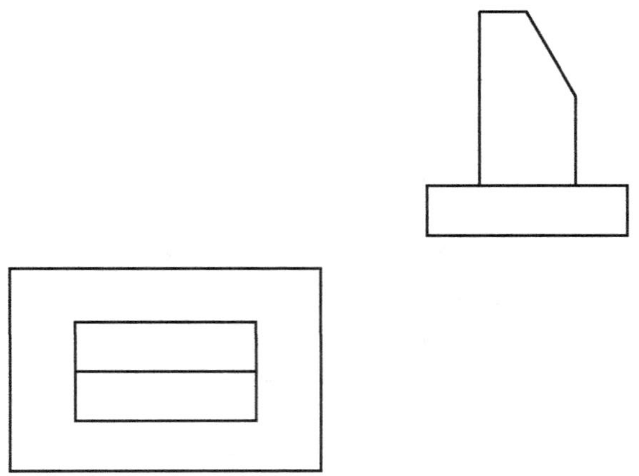

（2）

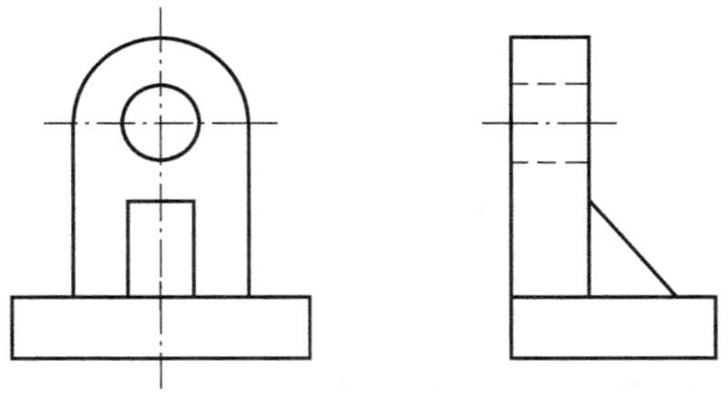

（3）

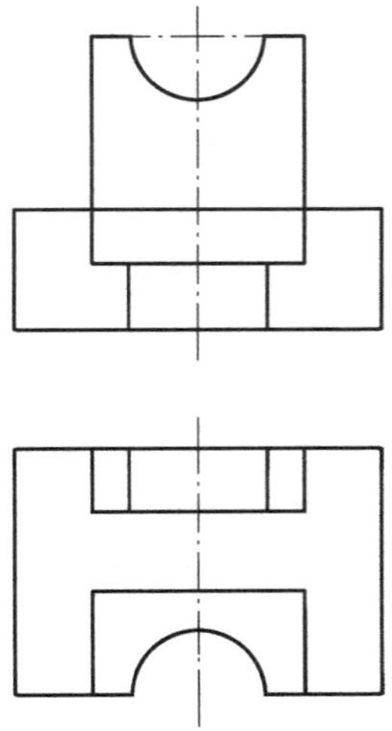

（4）

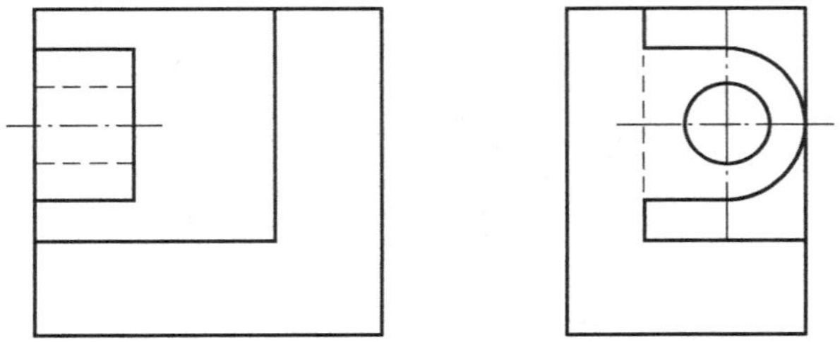

班级　　姓名　　学号

（5）

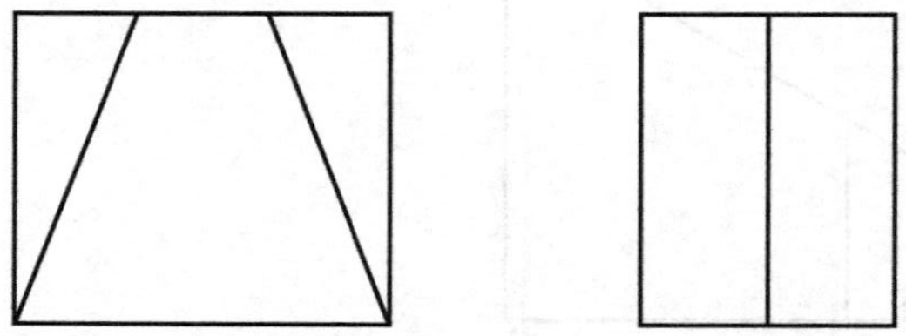

（6）

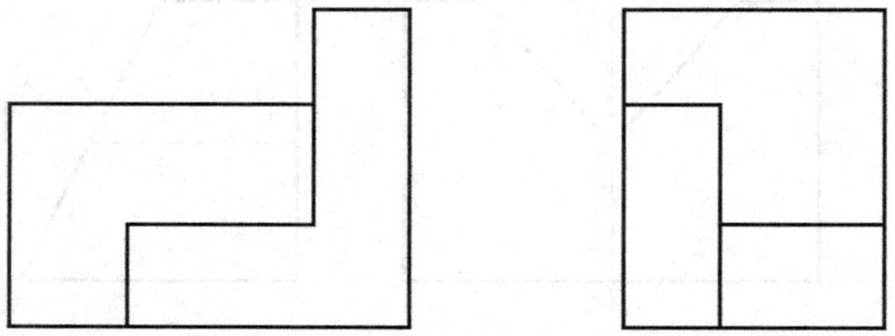

（7）

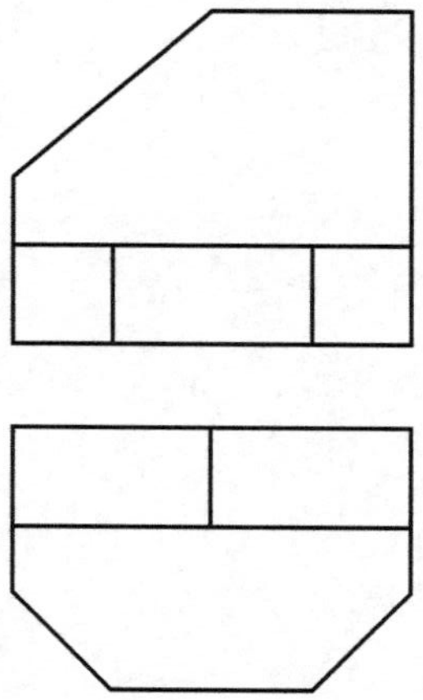

（8）

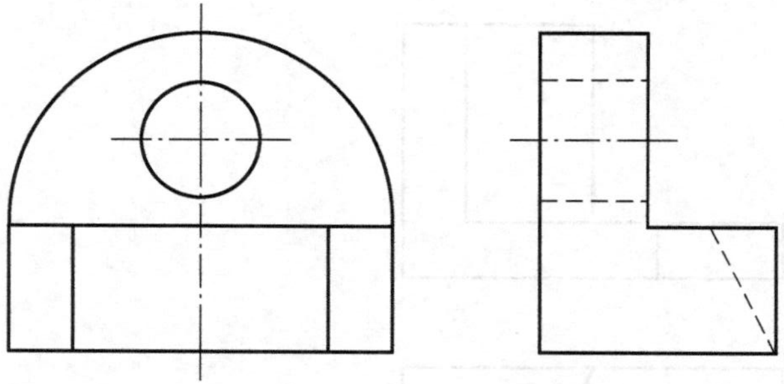

班级 姓名 学号

（9）

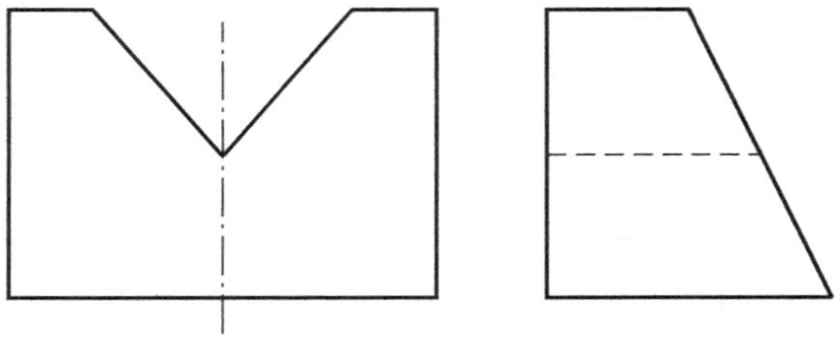

（10）

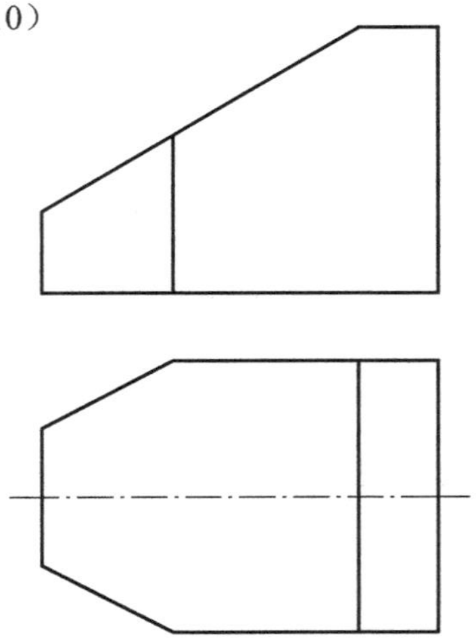

（11）

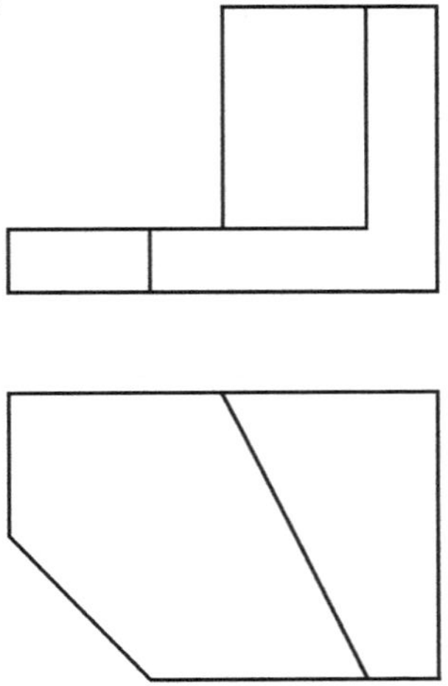

（12）

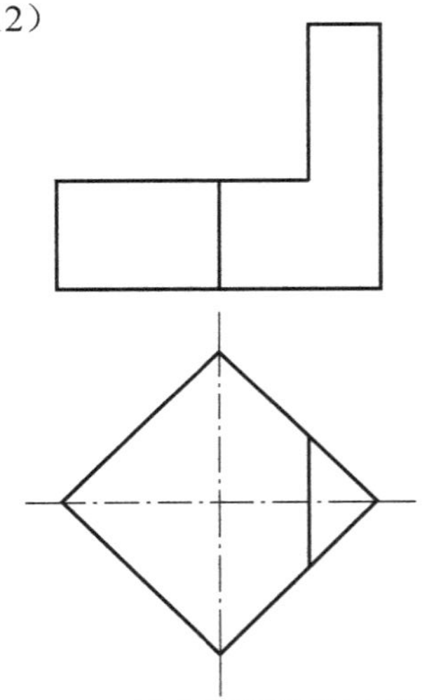

班级　　　　姓名　　　　学号

(13)

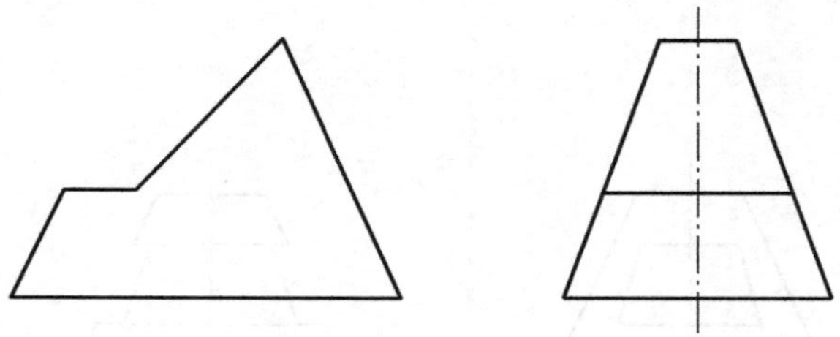

(14)

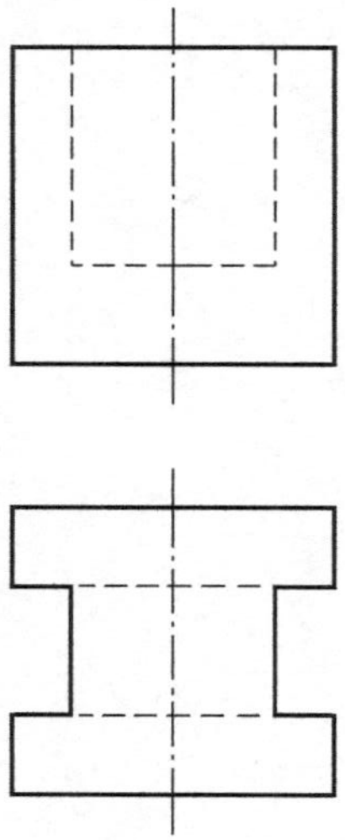

(15)

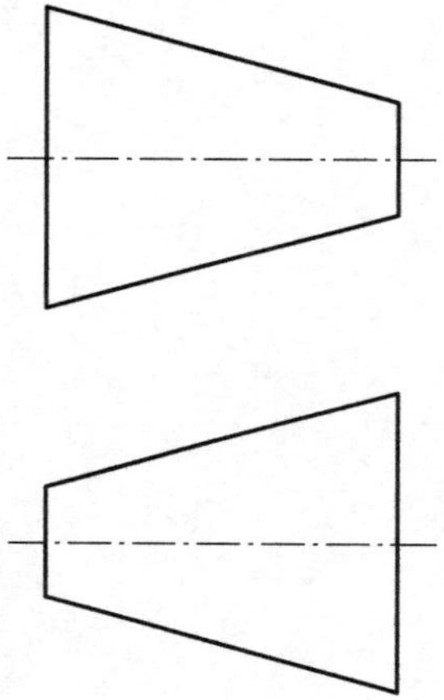

(16)

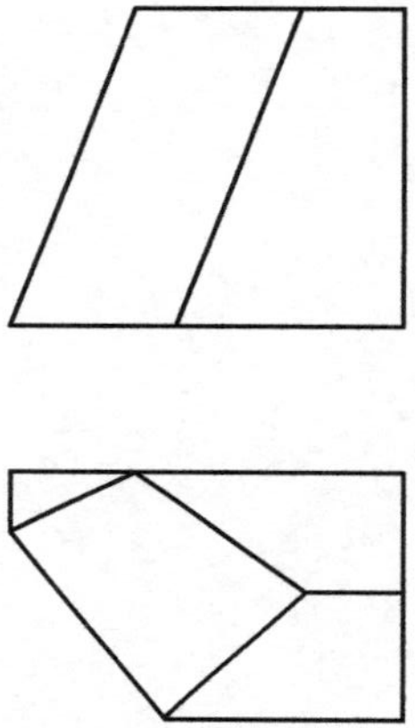

班级　　姓名　　学号

（17）

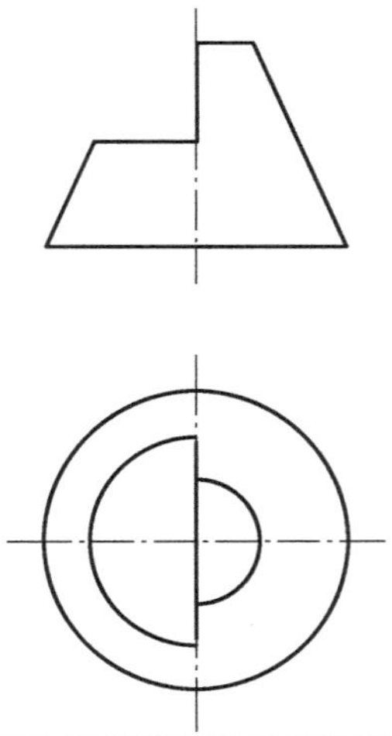

（18）

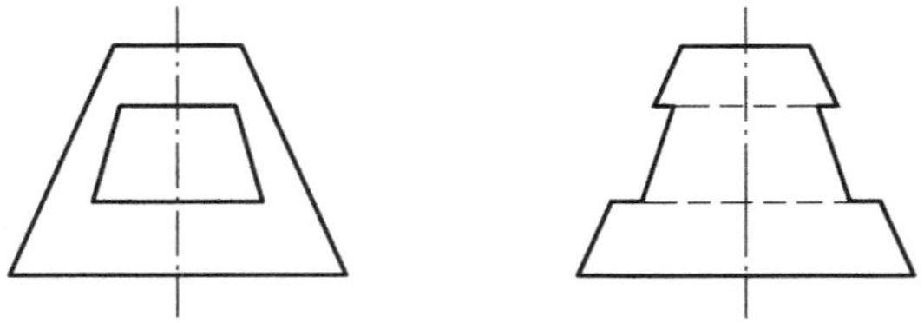

（19）

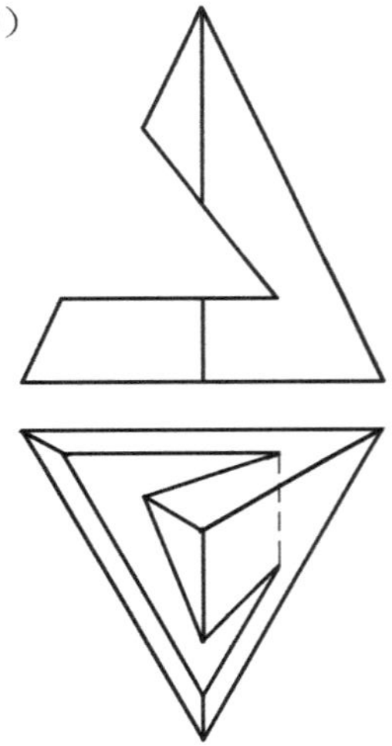

（20）

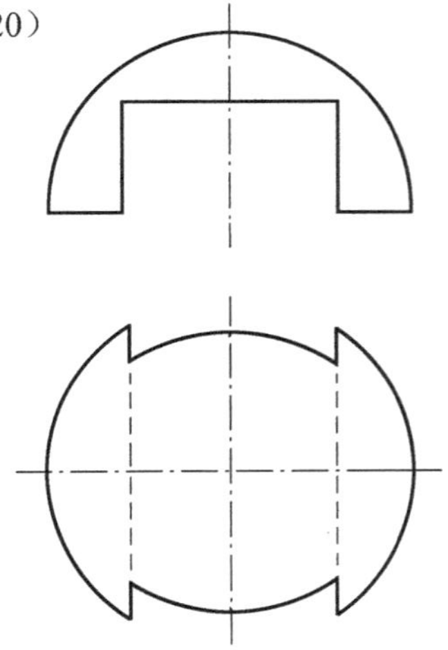

班级 姓名 学号

（21）

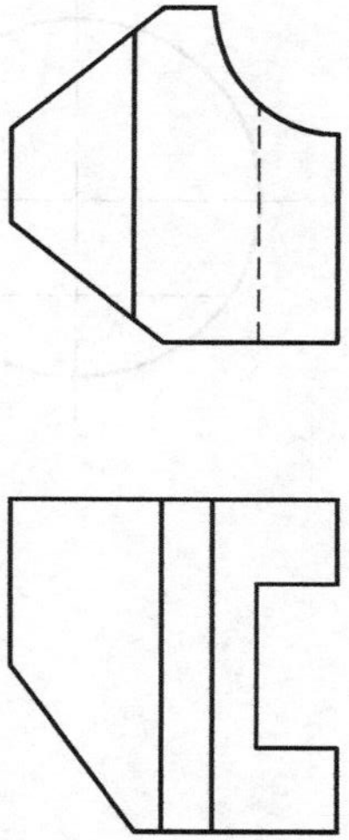

（22）

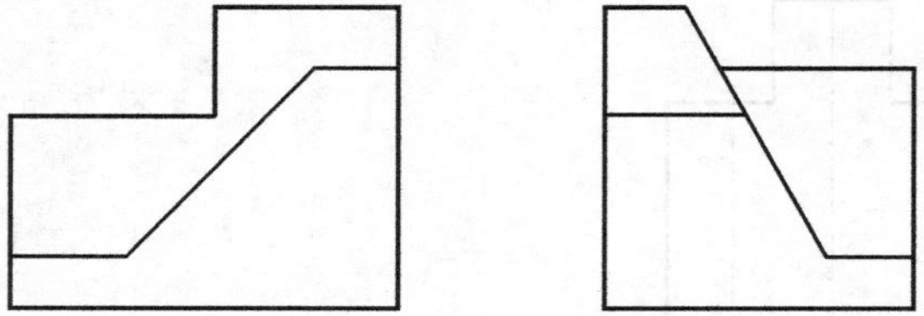

（23）

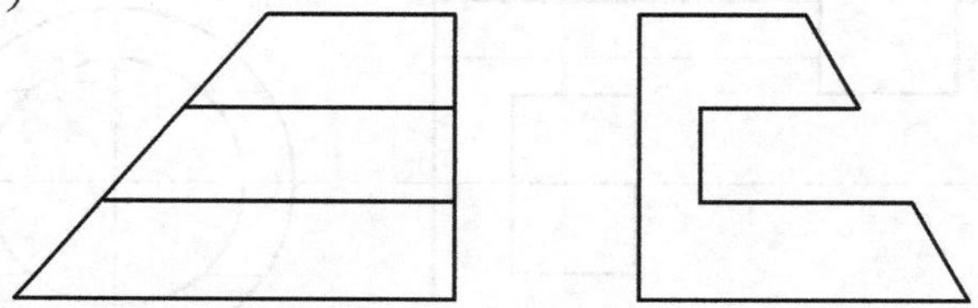

（24）

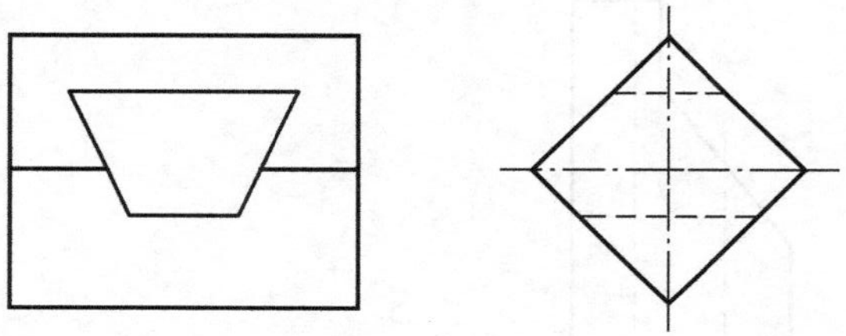

班级　　　　姓名　　　　学号

(25)

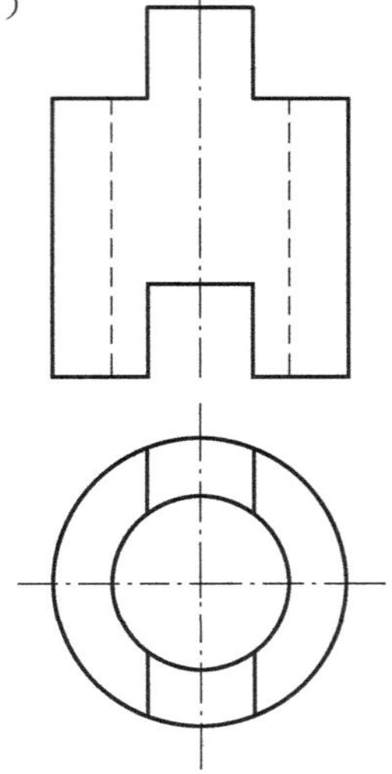

(26)

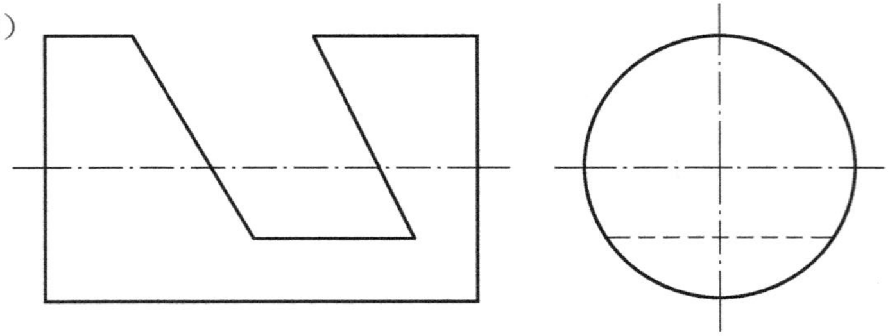

(27)

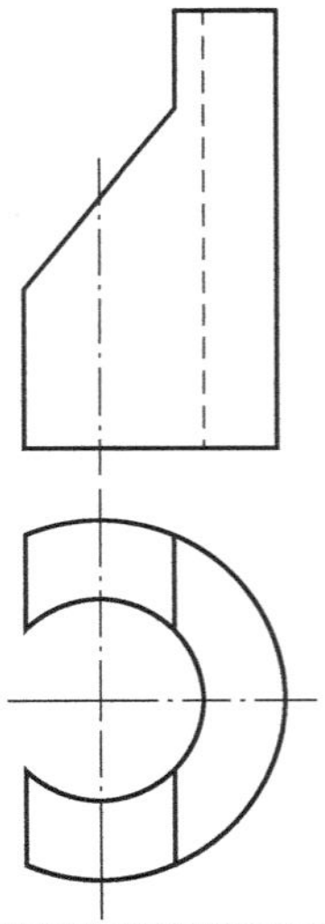

(28)

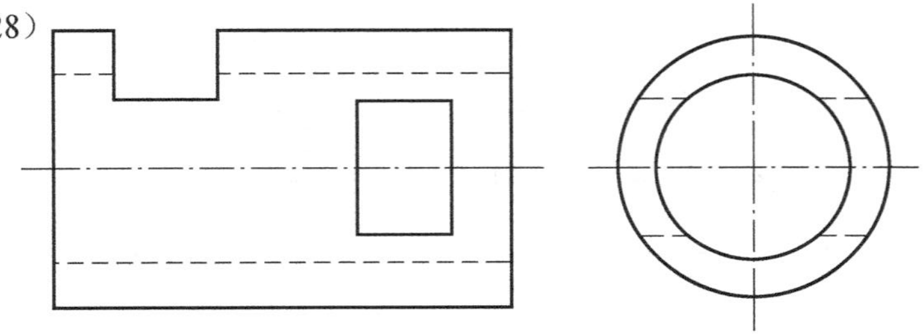

班级　　姓名　　学号

(29)

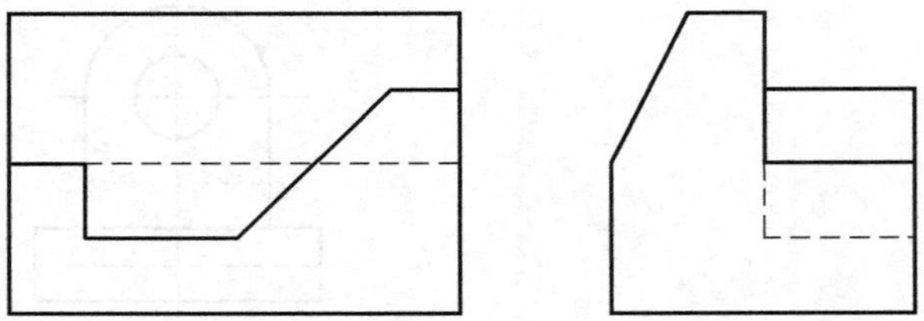

(30)

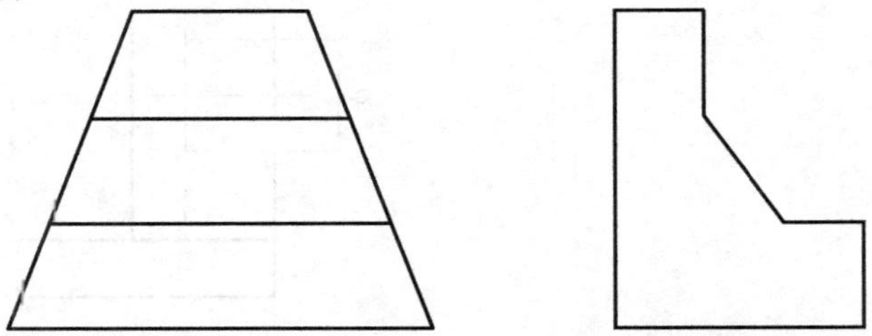

(31)

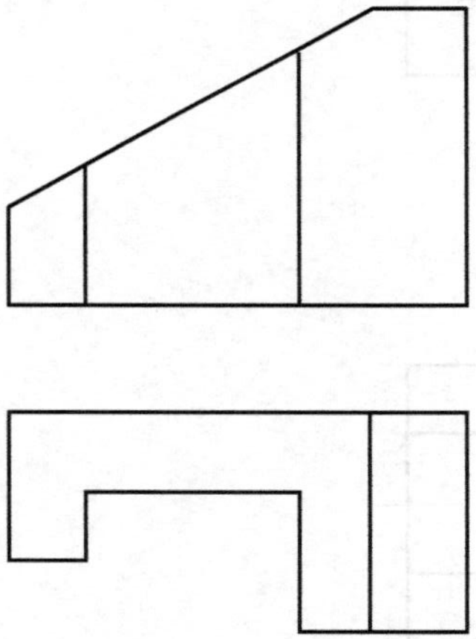

(32)

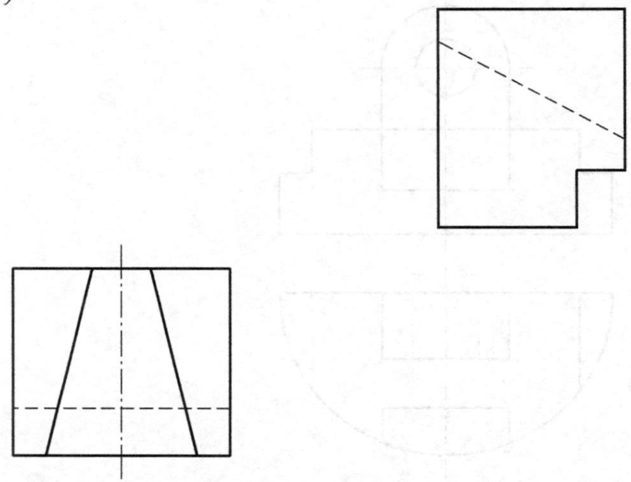

班级 姓名 学号

（33）

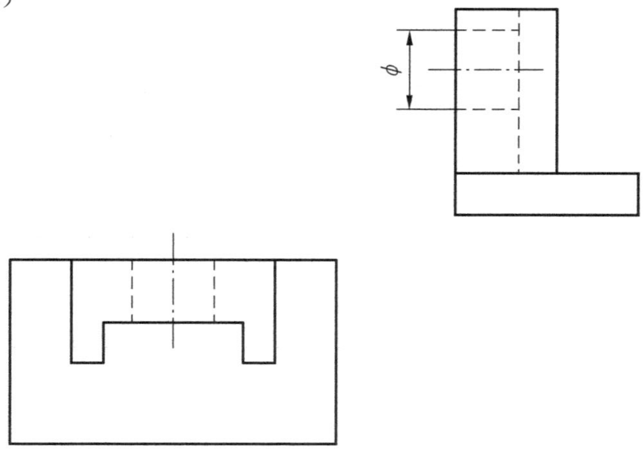

（34）

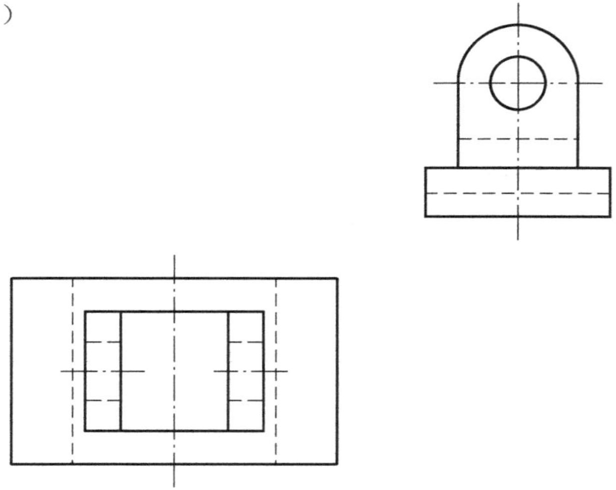

（35）

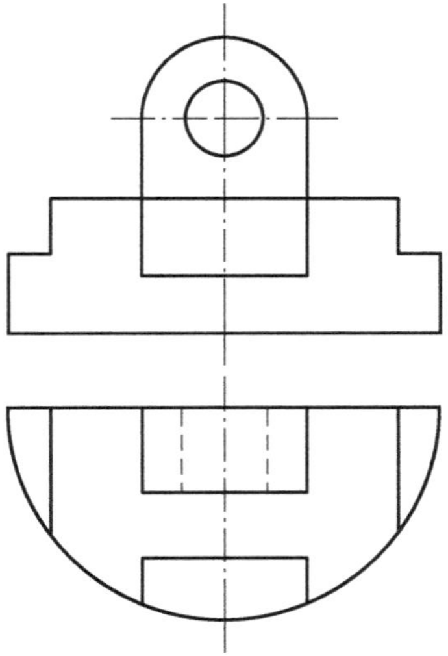

（36）

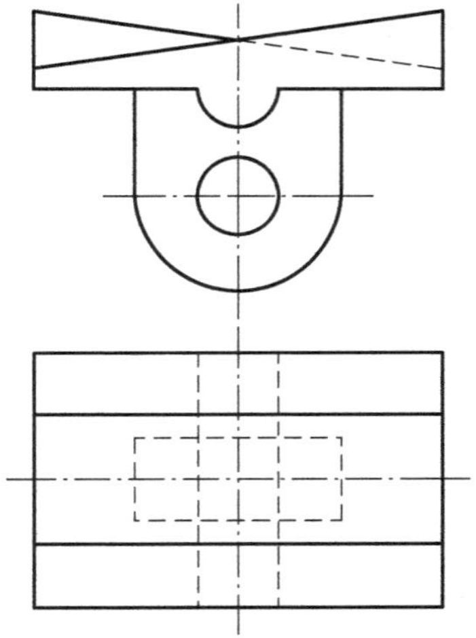

班级　　姓名　　学号

(37)

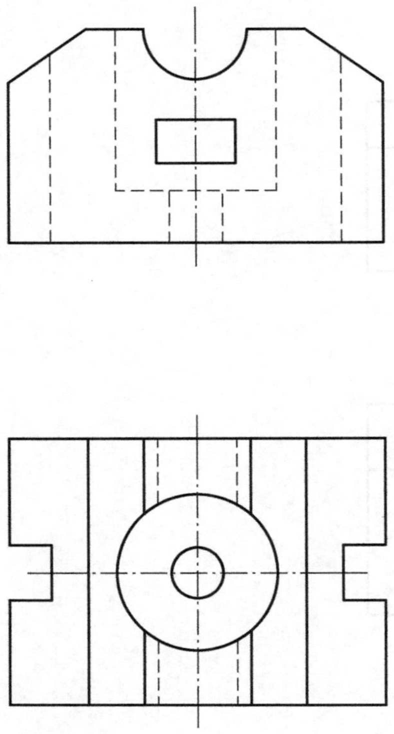

(38)

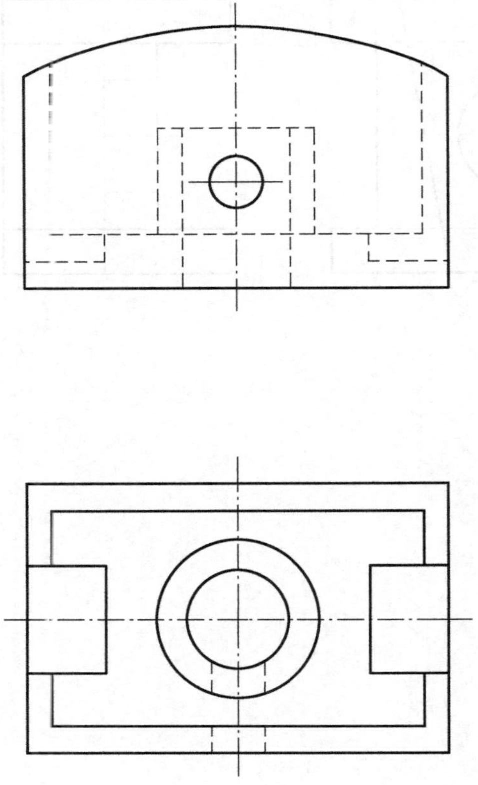

班级 姓名 学号

（39）

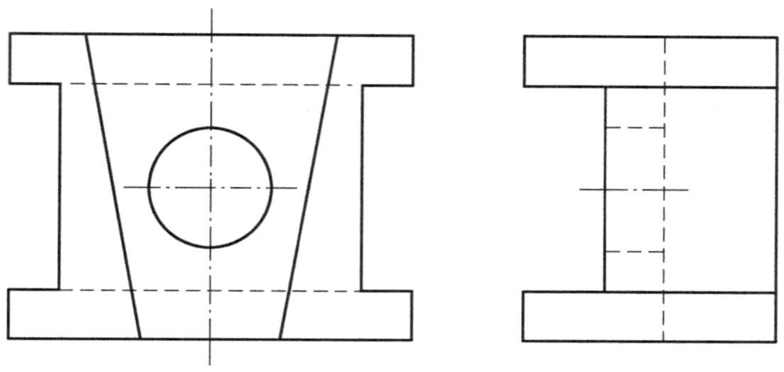

（40）

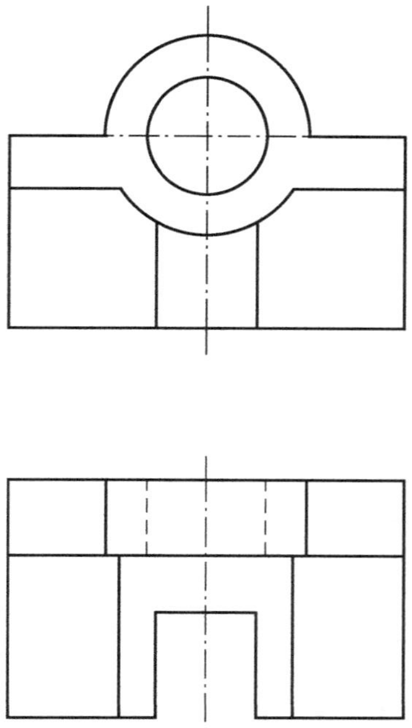

班级 姓名 学号

（41）

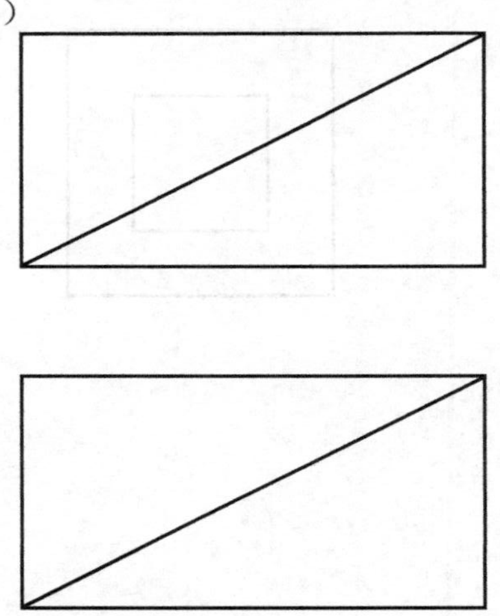

（42）

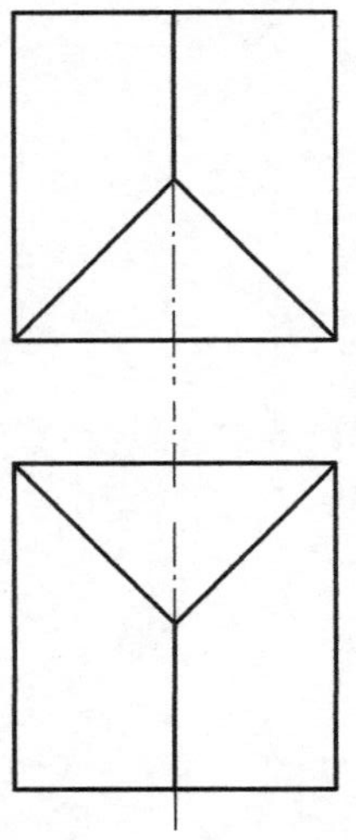

（43）

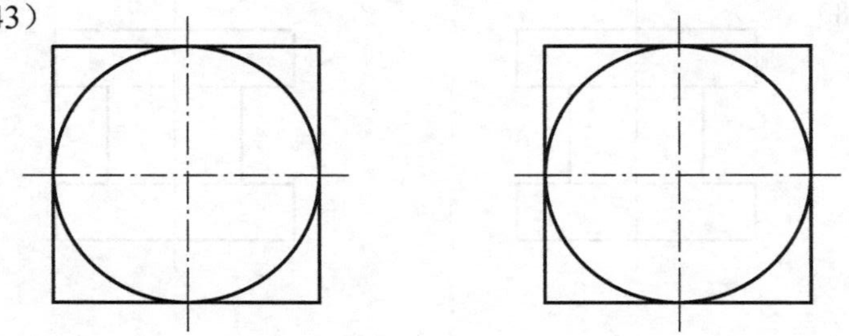

（44）

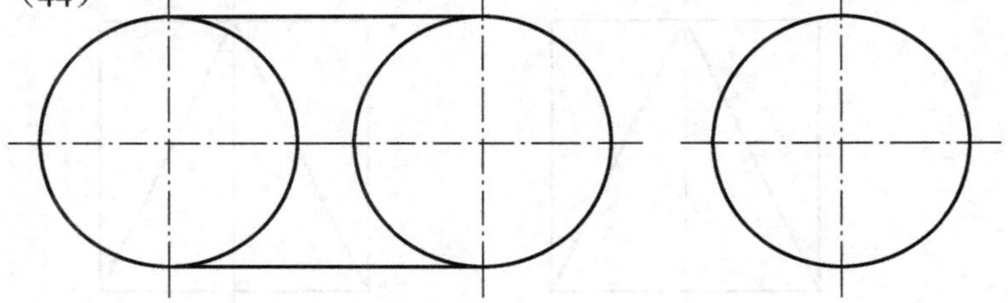

班级 姓名 学号

（45）

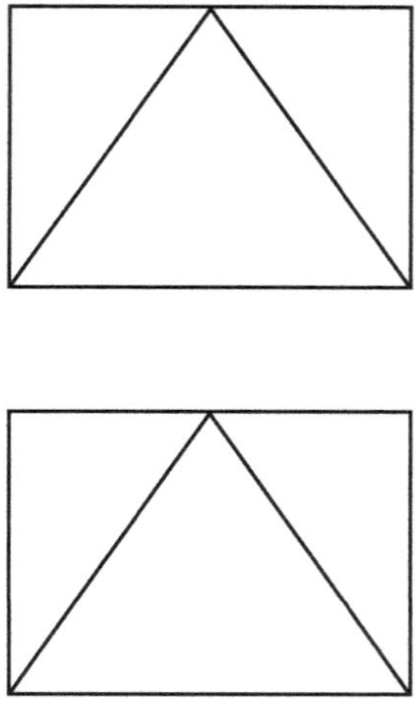

（46）

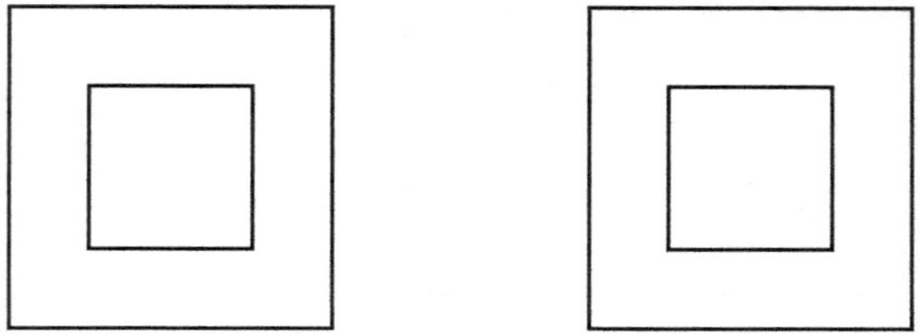

（47）

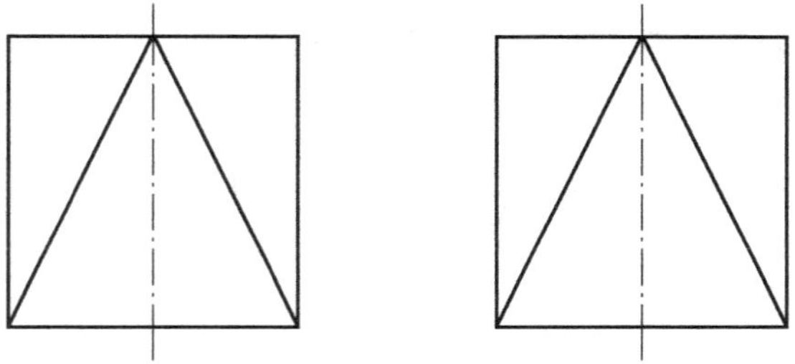

（48）

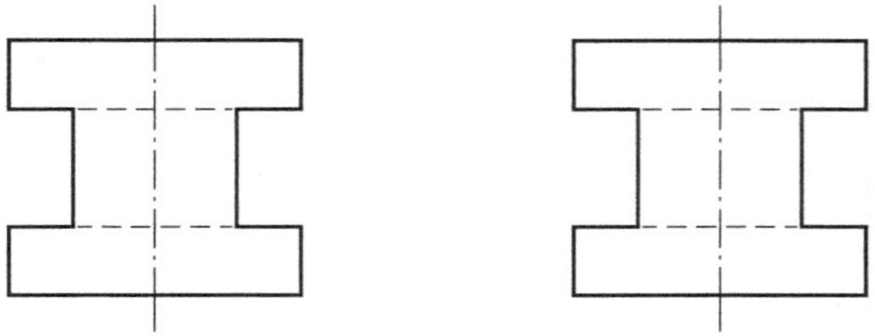

班级　　　　姓名　　　　学号

2. 补全视图中所缺的图线

（1）

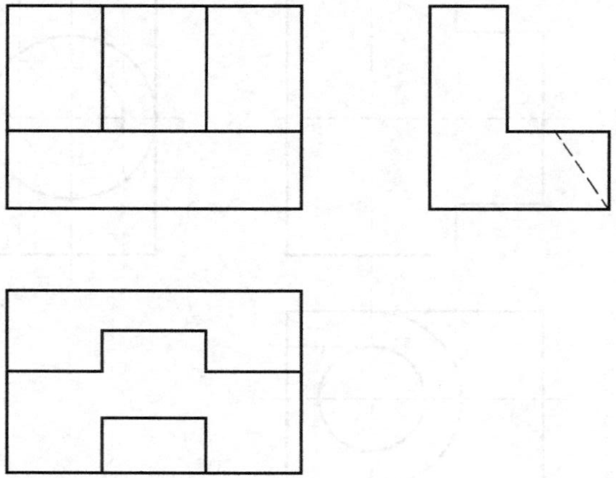

（2）

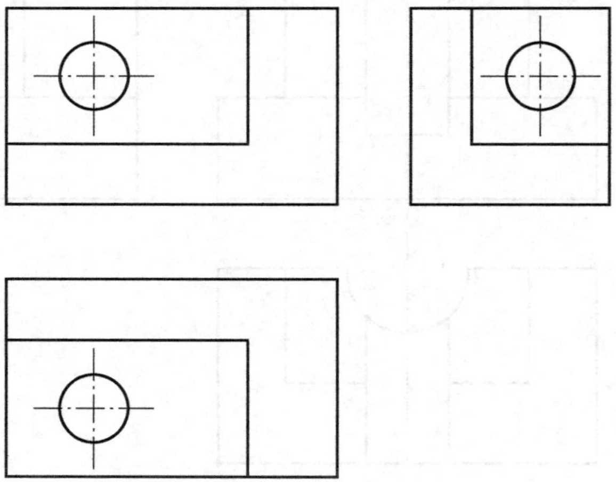

（3）

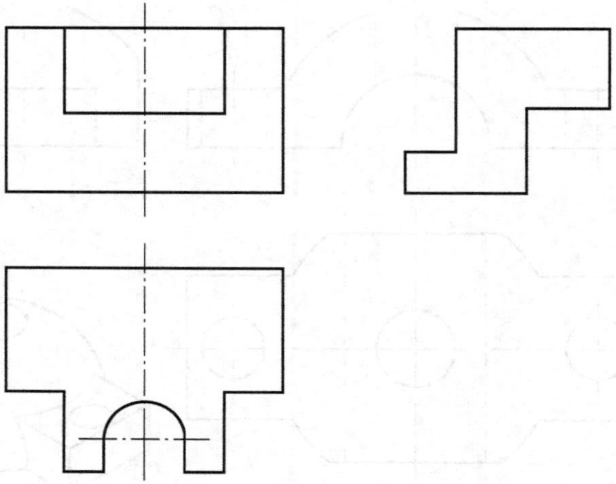

（4）

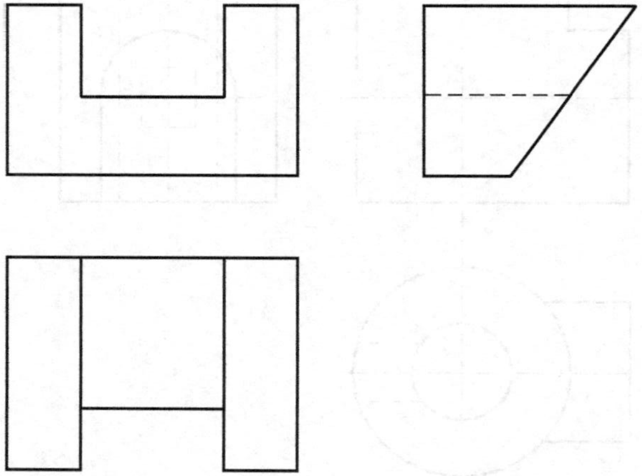

班级　　　　姓名　　　　学号

（5）

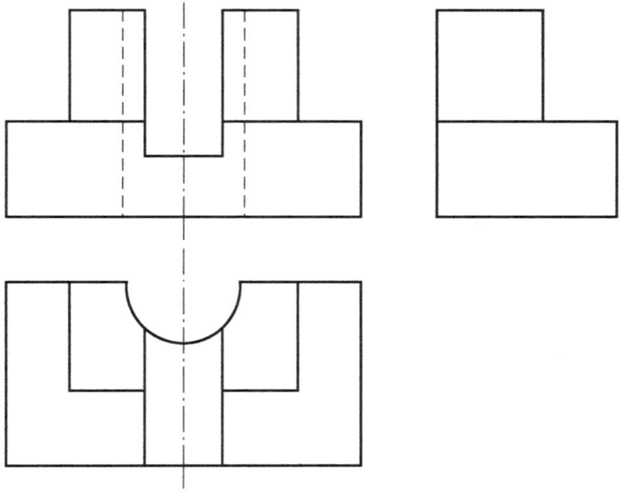

（6）

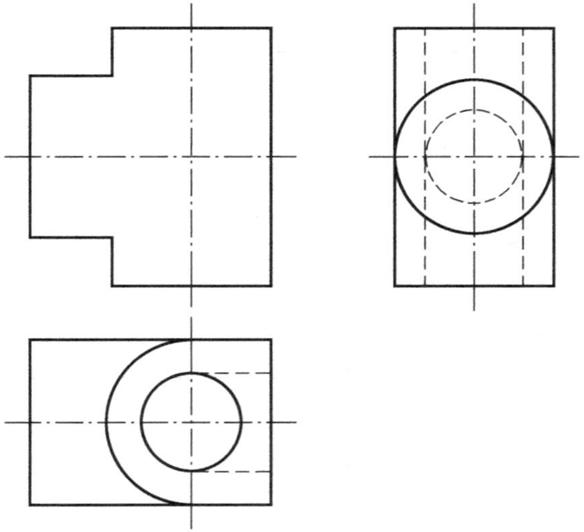

（7）

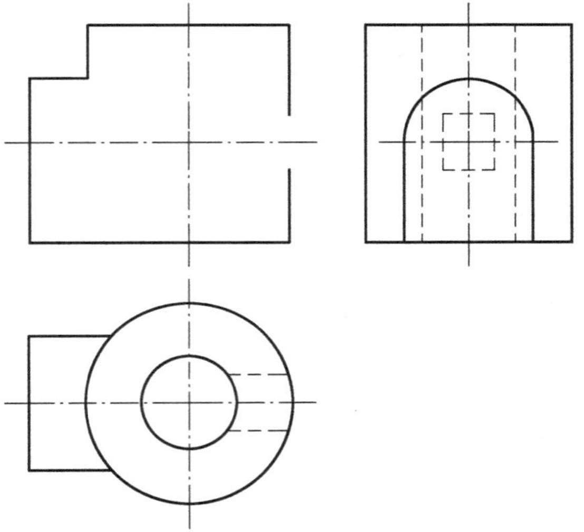

（8）

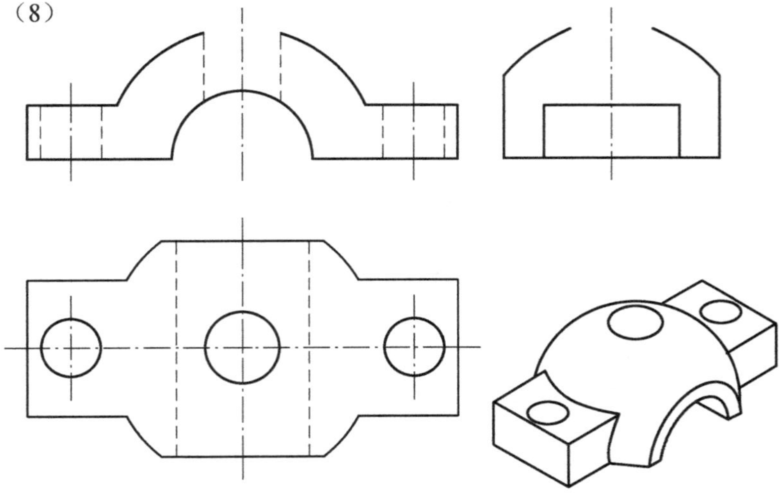

班级　　　　姓名　　　　学号

第4章　机件的表达方法

4.1　视图

1. 根据物体的轴测图，绘制其六个基本视图

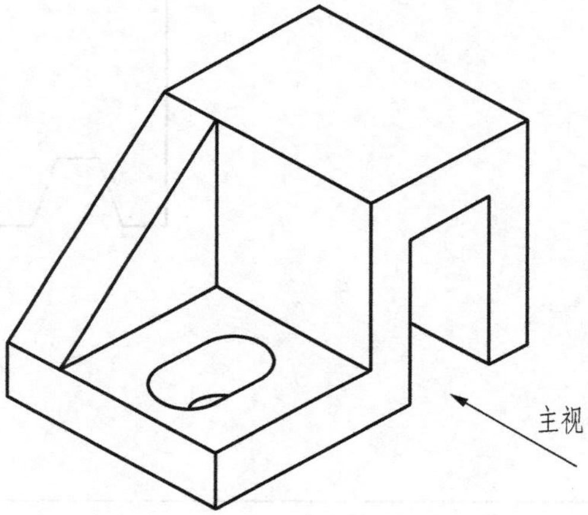

班级　　　　姓名　　　　学号

2. 根据主、俯、左视图，补画右、后、仰视图

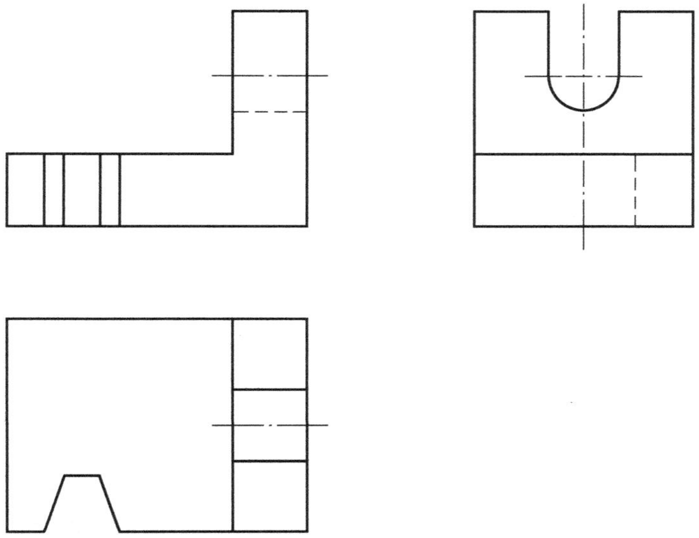

班级　　姓名　　学号

3. 局部视图和斜视图

（1）根据主视图和轴测图中所注的尺寸，补画其他视图以将机件形状表达清楚。

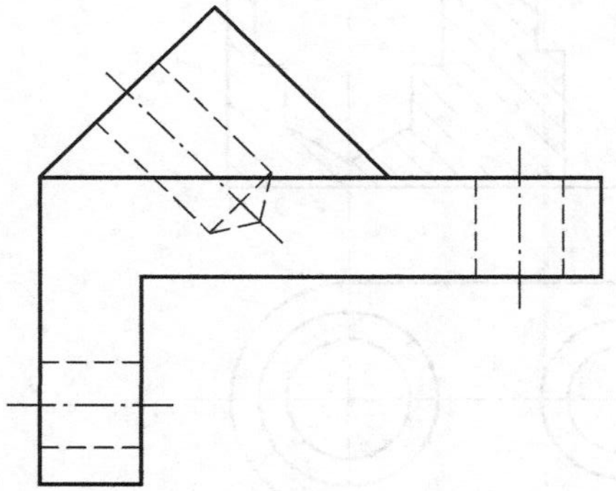

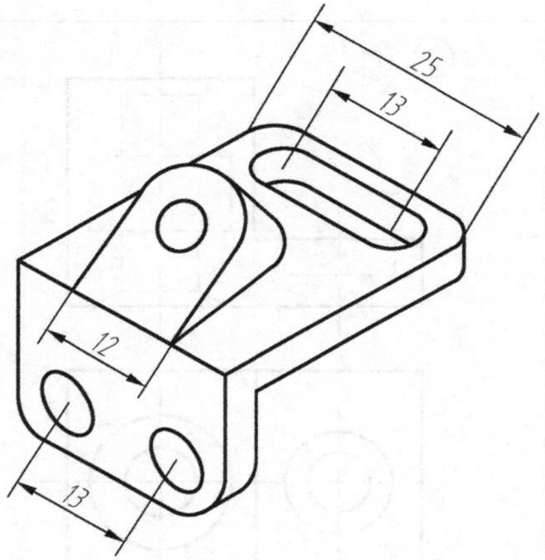

（2）在指定位置画局部视图和斜视图。

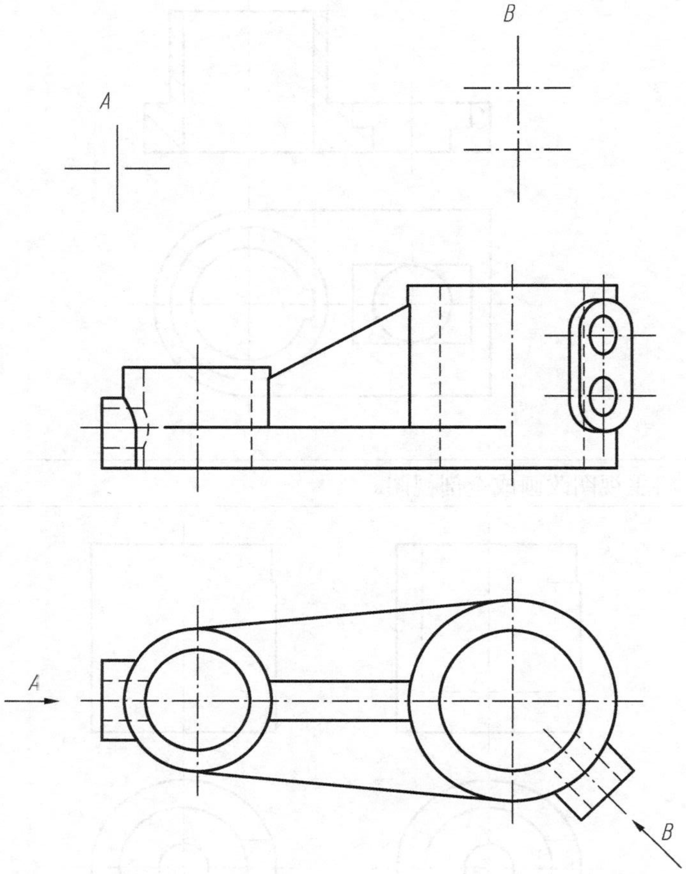

班级　　　　　　姓名　　　　　　学号

4.2 剖视图

（1）补画剖视图中所缺的图线。

①

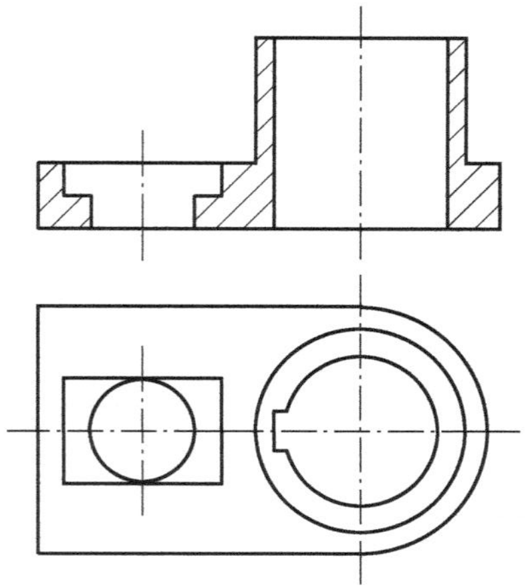

②

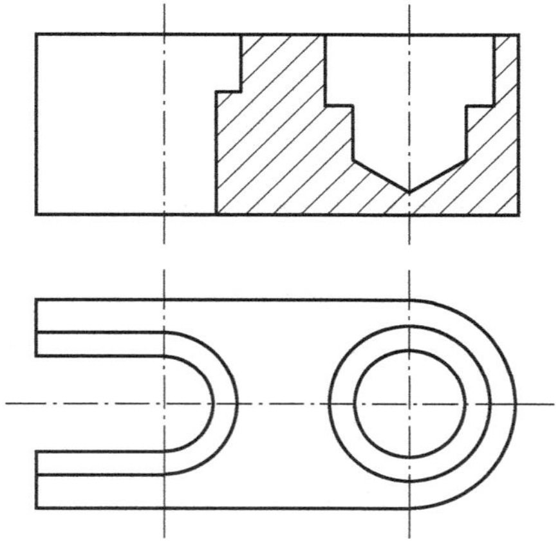

（2）将主视图改画成全剖视图。

①

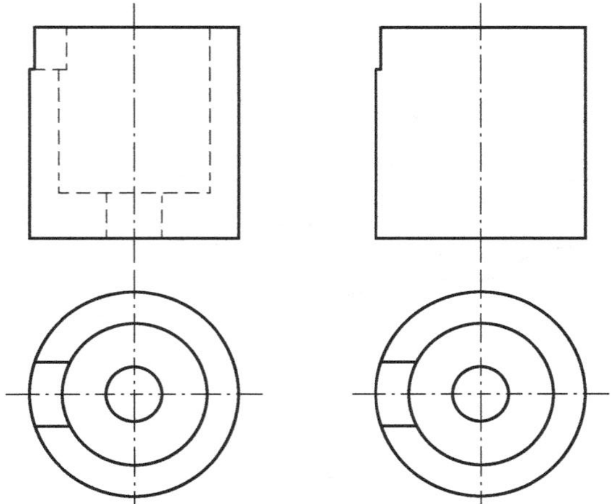

②

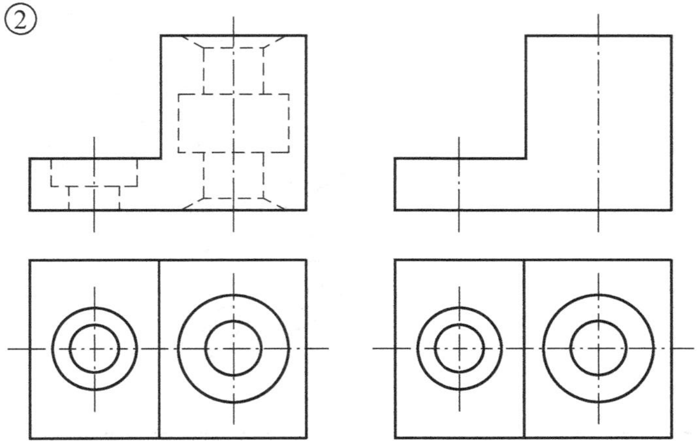

班级　　姓名　　学号

③

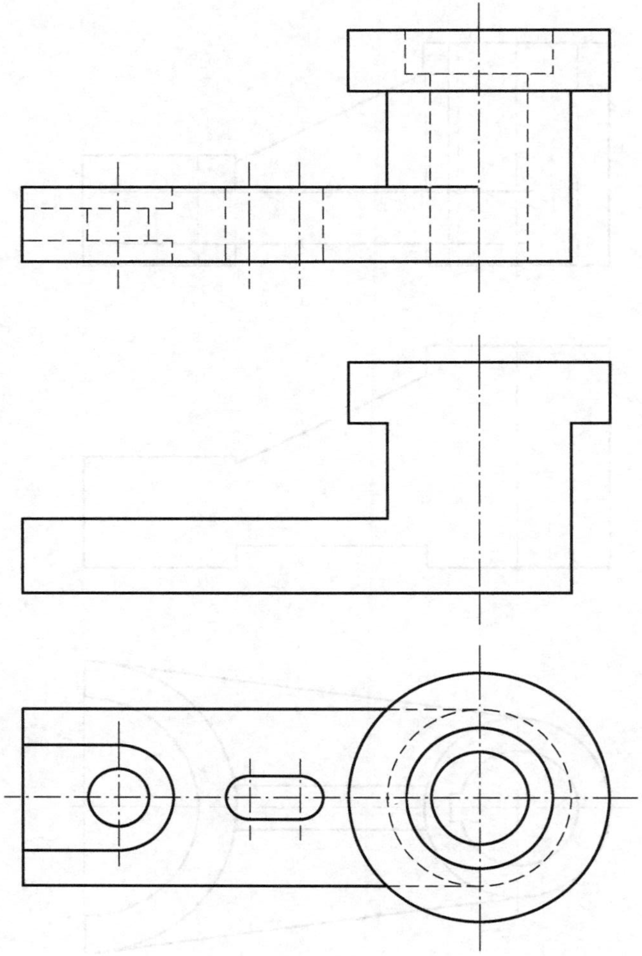

④

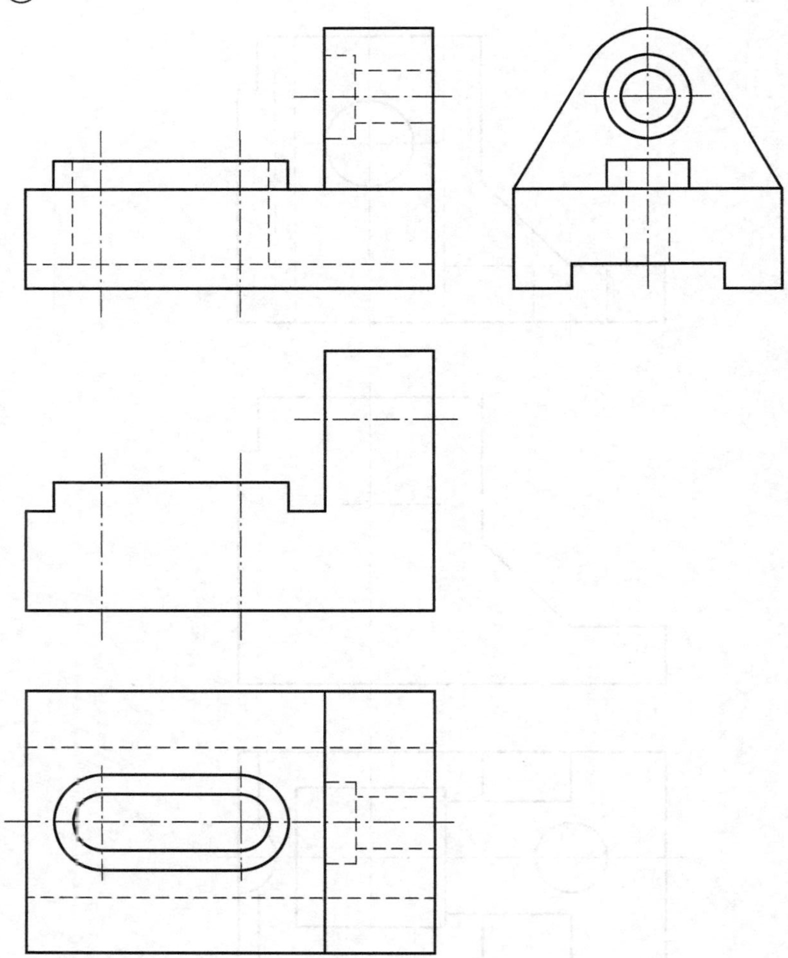

班级　　姓名　　学号

⑤

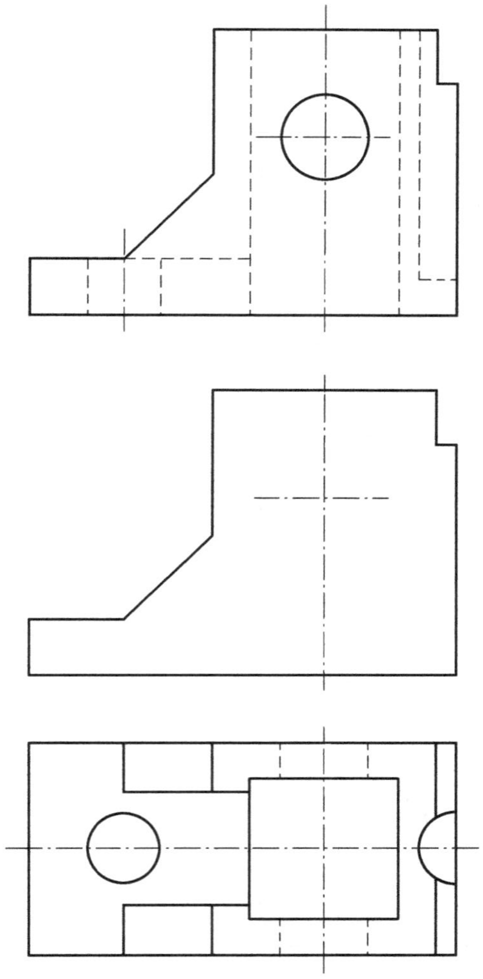

⑥

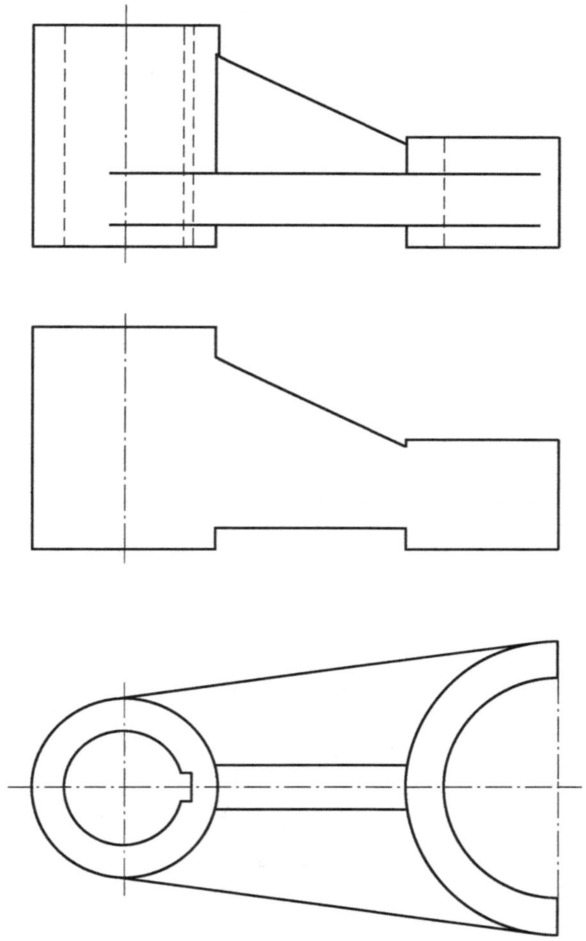

班级　　姓名　　学号

⑦

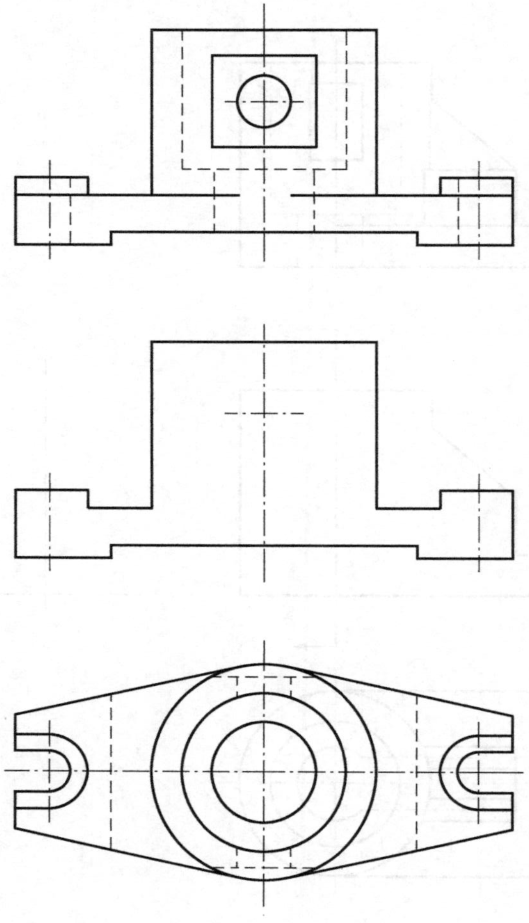

⑧

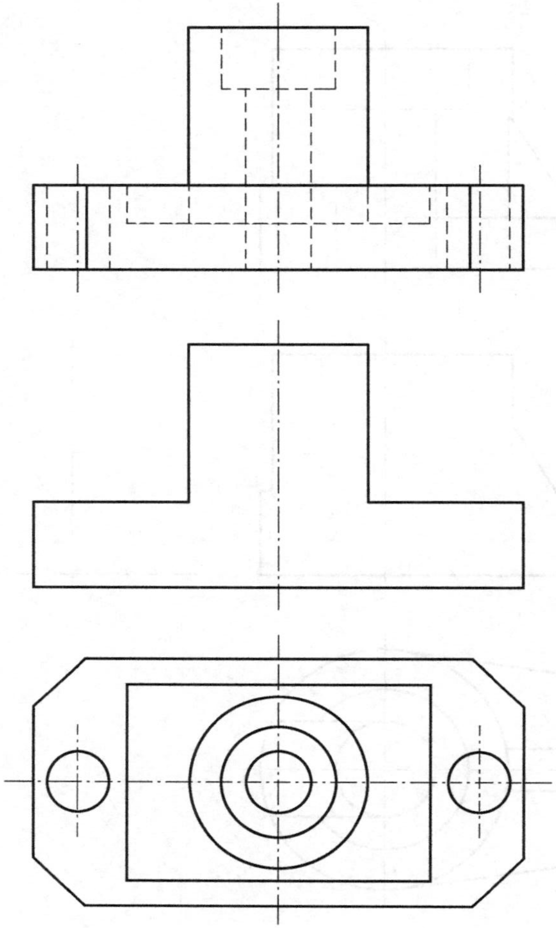

班级 姓名 学号

（3）将主视图改画成全剖视图，并补画半剖左视图。

①

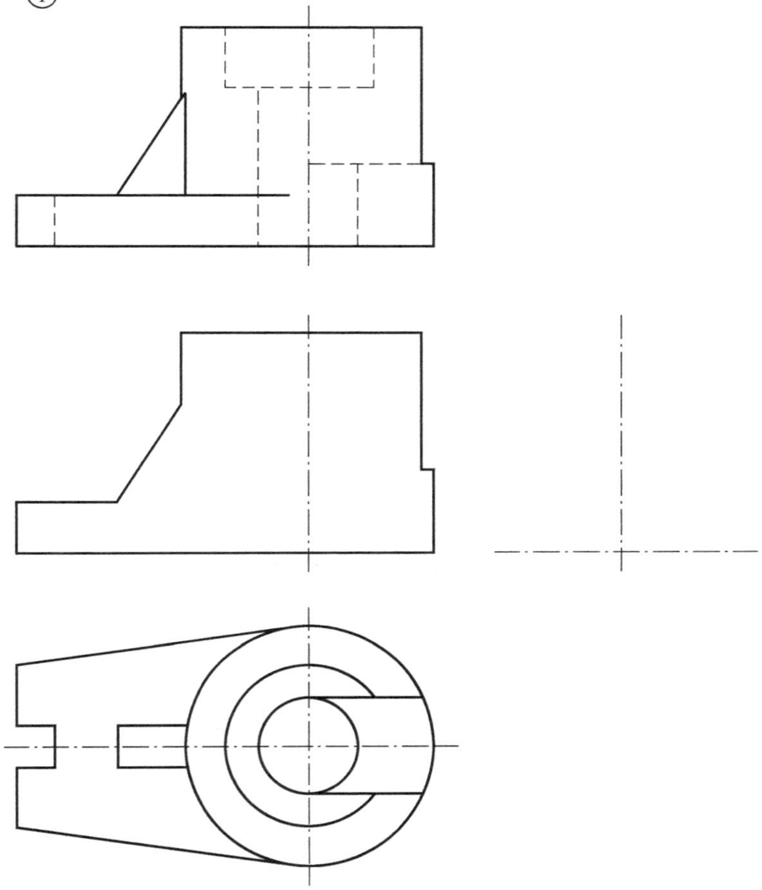

②

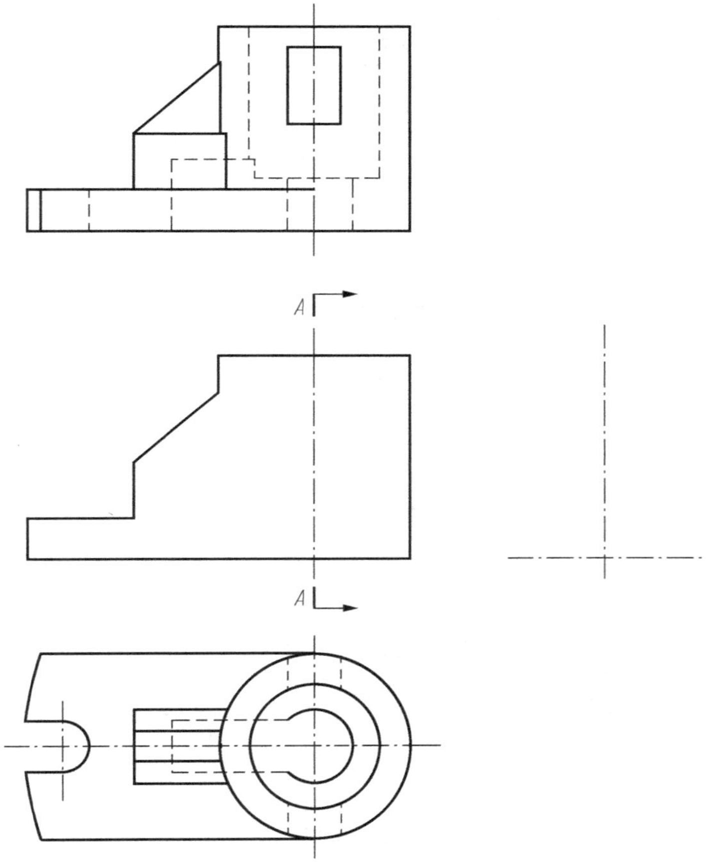

班级 姓名 学号

（4）将主视图改画成半剖视图，并补画全剖左视图。

①

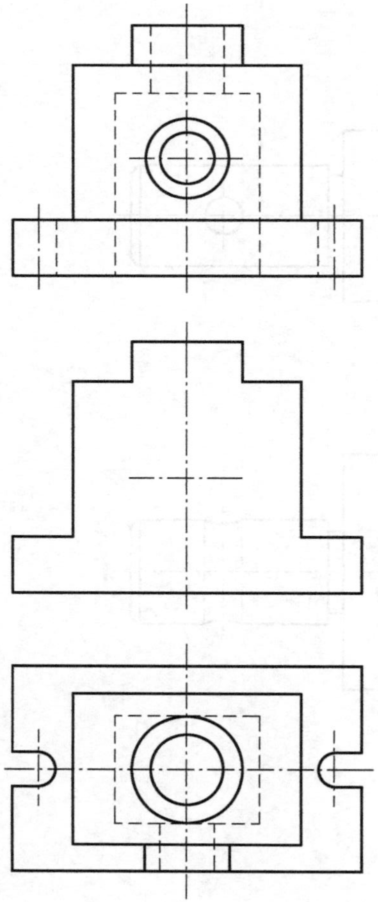

②

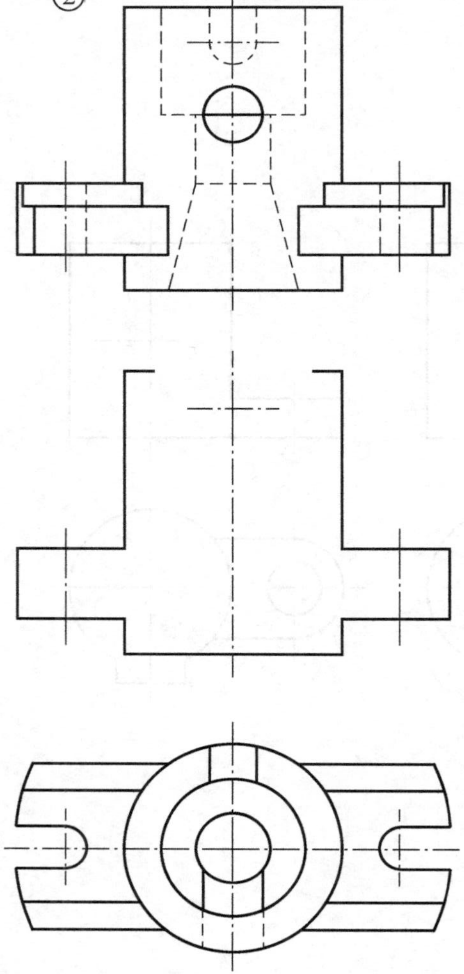

班级　　　　　　姓名　　　　　　学号

（5） 画局部剖视图。

① 分析剖视图中的错误，在右边画出正确的剖视图。

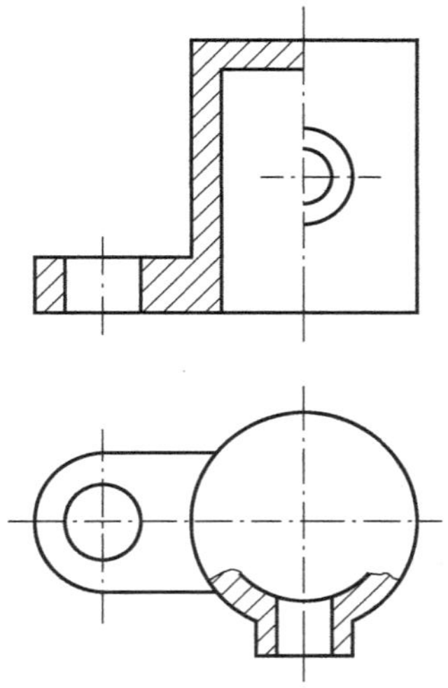

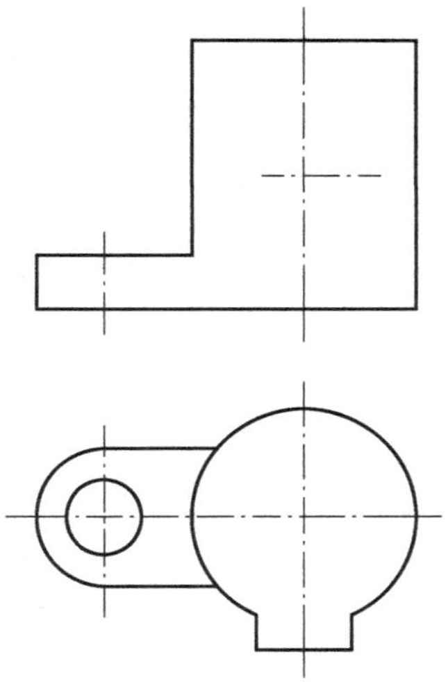

② 将视图改画成局部剖视图。

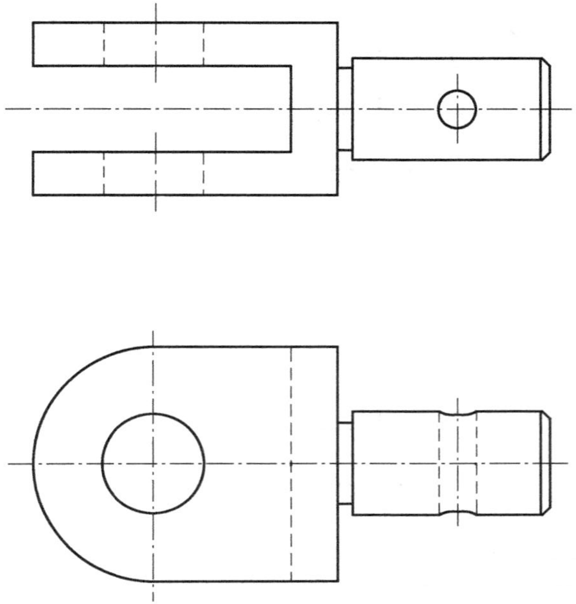

班级　　姓名　　学号

（6）将视图改画成局部剖面图。

①

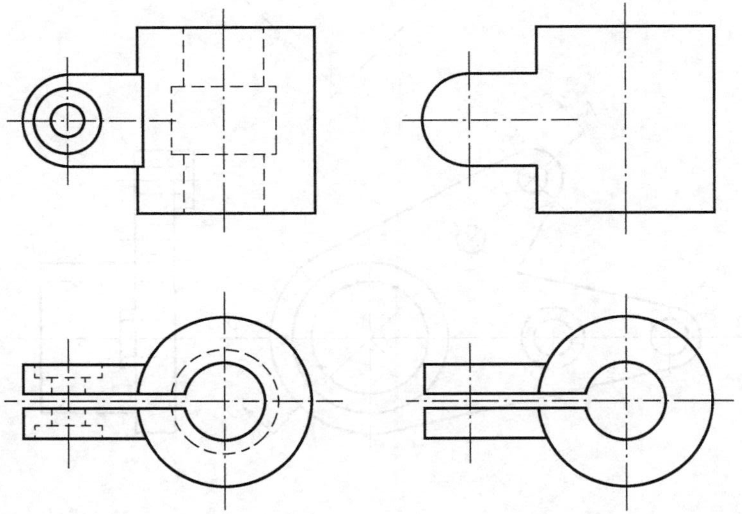

②

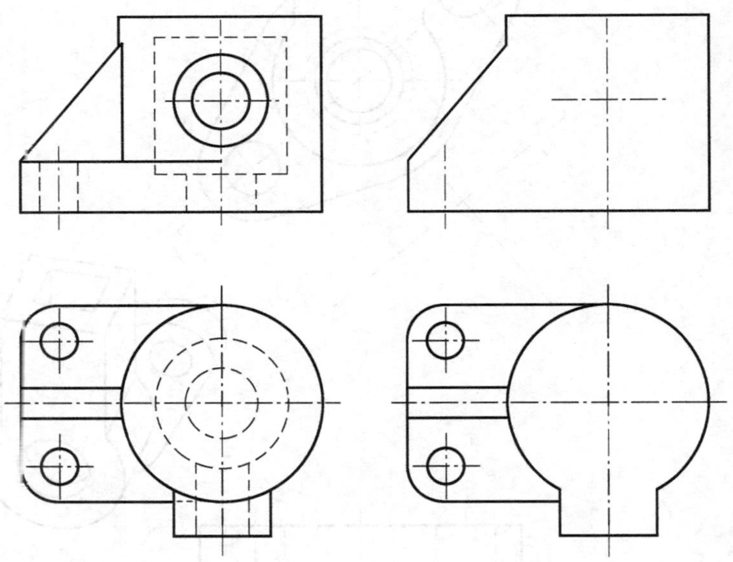

班级　　　　姓名　　　　学号

（7）画 *A*—*A*、*B*—*B* 全剖视图（用单一斜剖切平面剖切）。

①

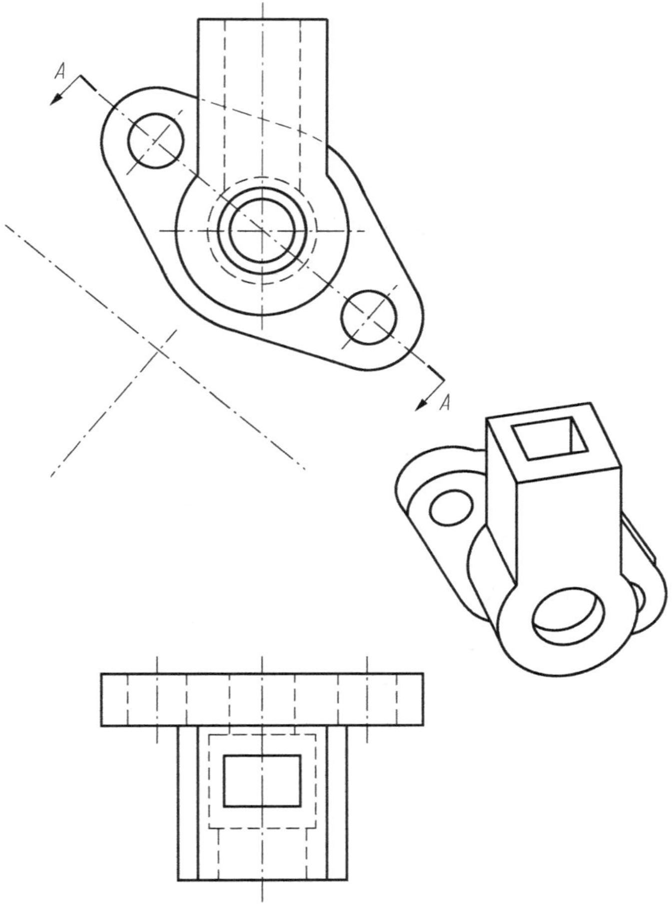

②

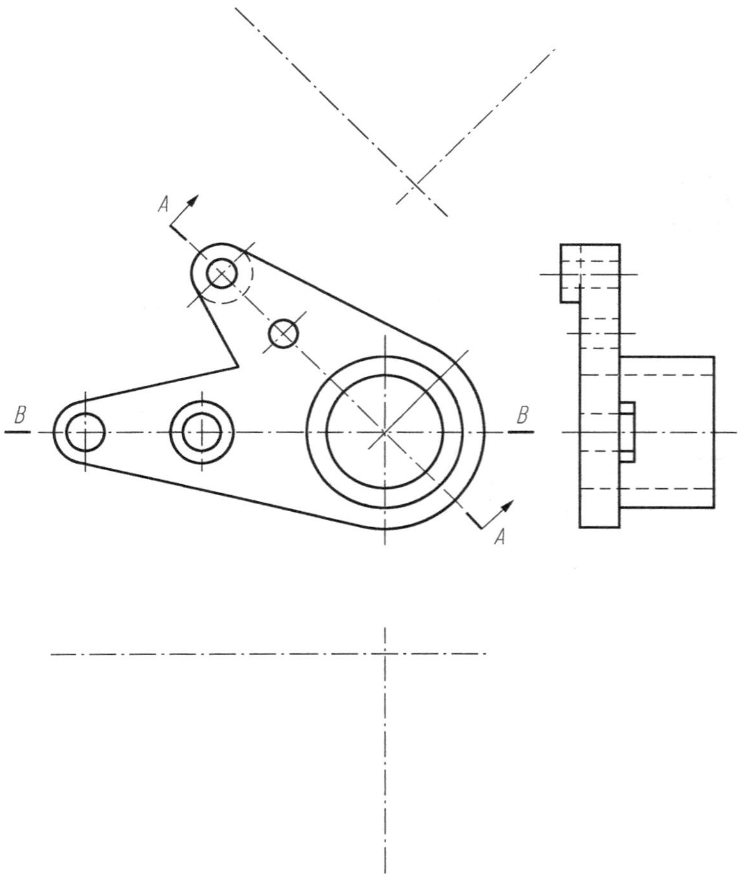

班级 姓名 学号

（8）用一组平行剖切平面全剖主视图。

①

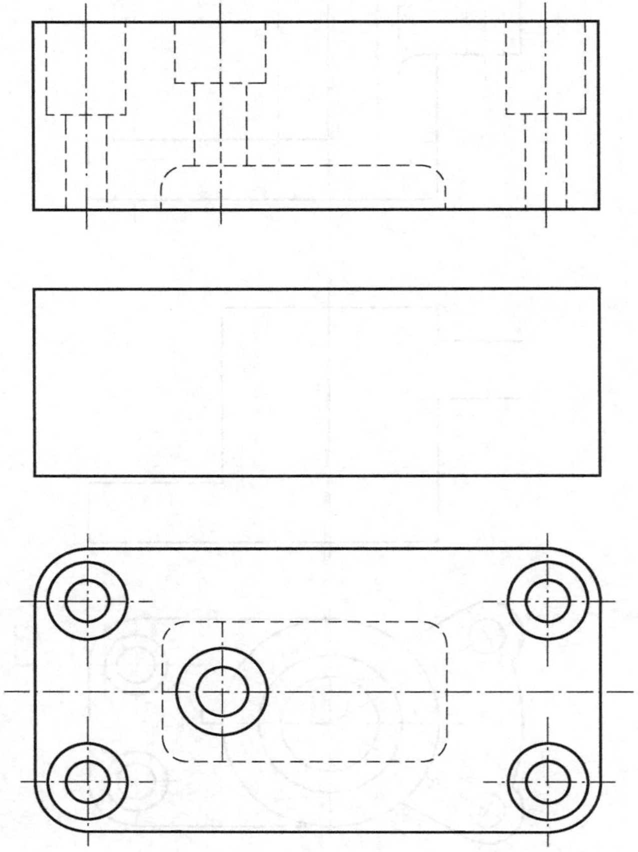

②

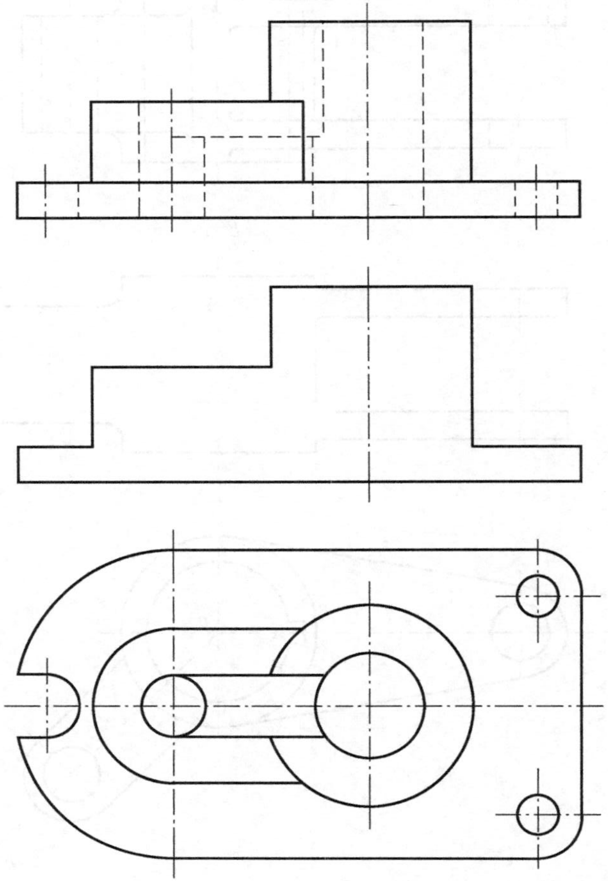

班级　　　　姓名　　　　学号

（9）用一组相交剖切平面全剖主视图。

①

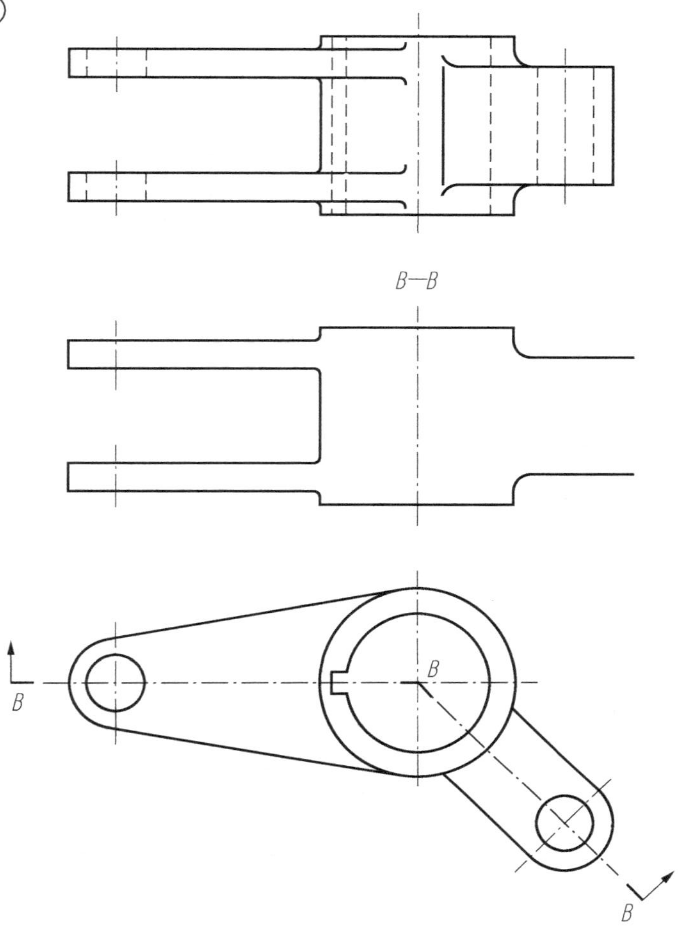

②

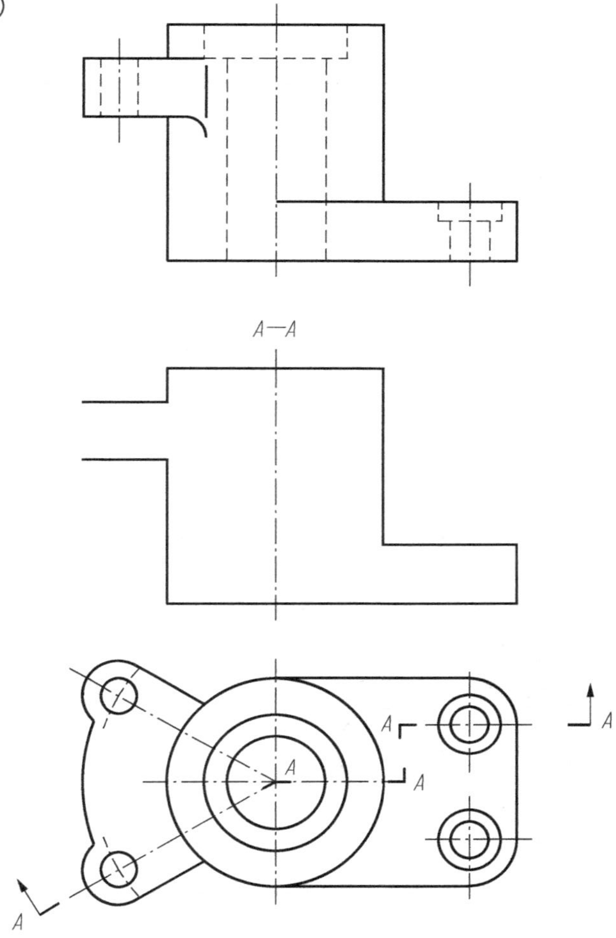

班级　　姓名　　学号

（10）复合剖切主视图。

①

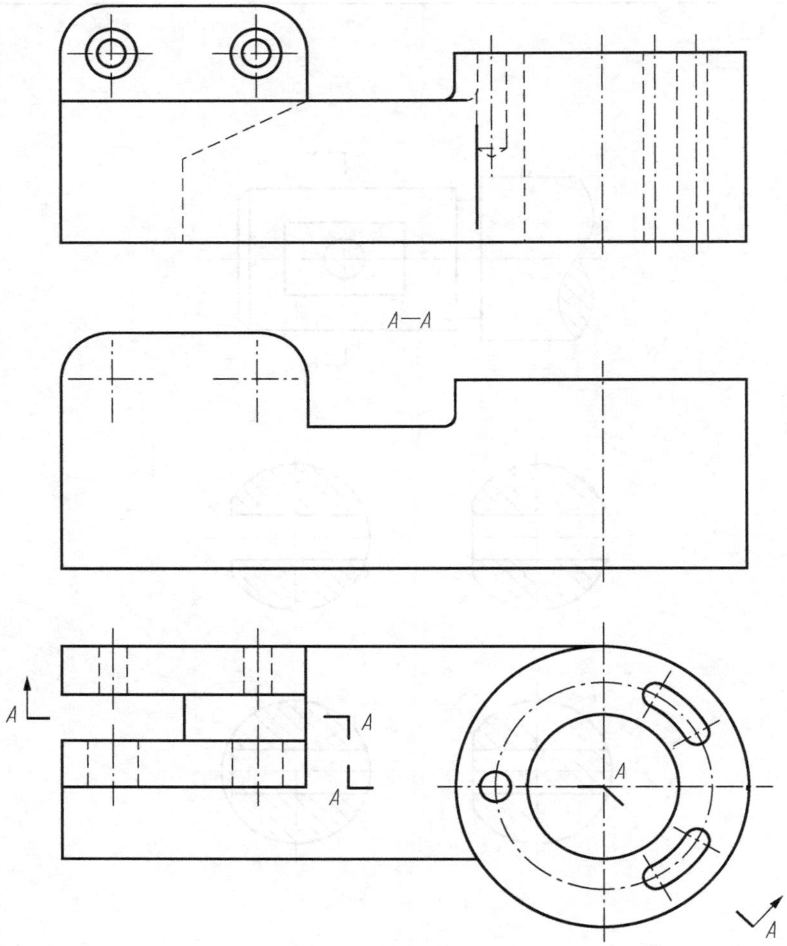

②

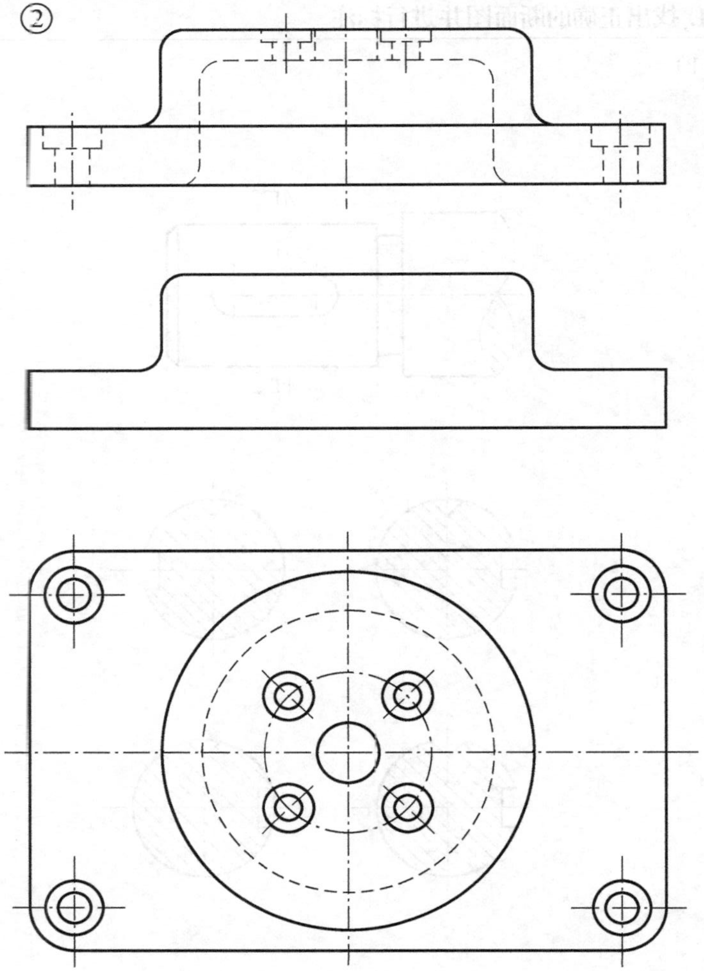

班级　　姓名　　学号

1. 找出正确的断面图并进行标注

（1）

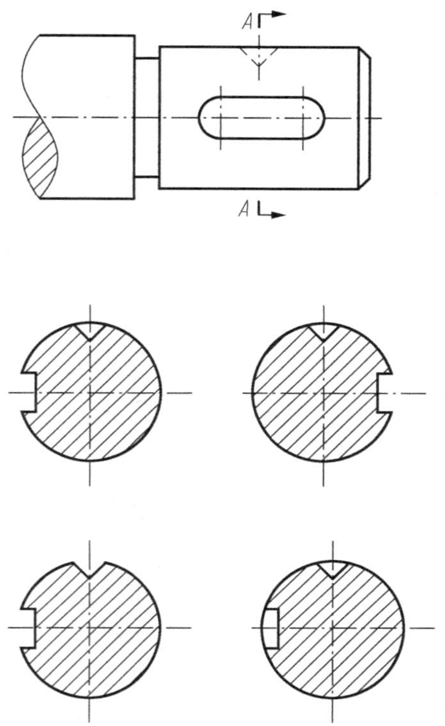

（2）

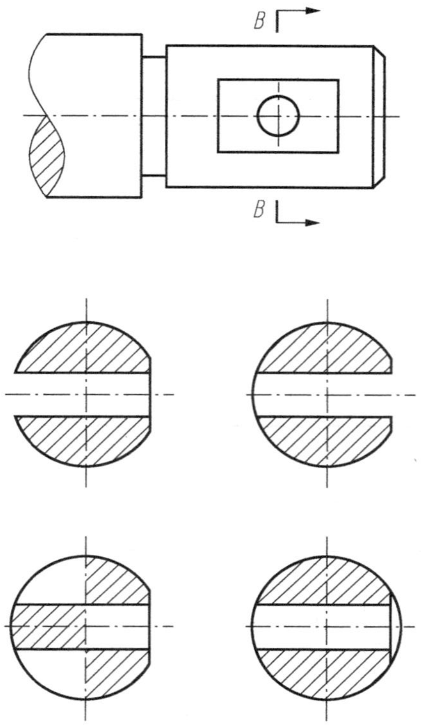

班级　　姓名　　学号

2. 按箭头所指位置画断面图，并进行标注（左边键槽深 4mm，右边键槽深 3.5mm）

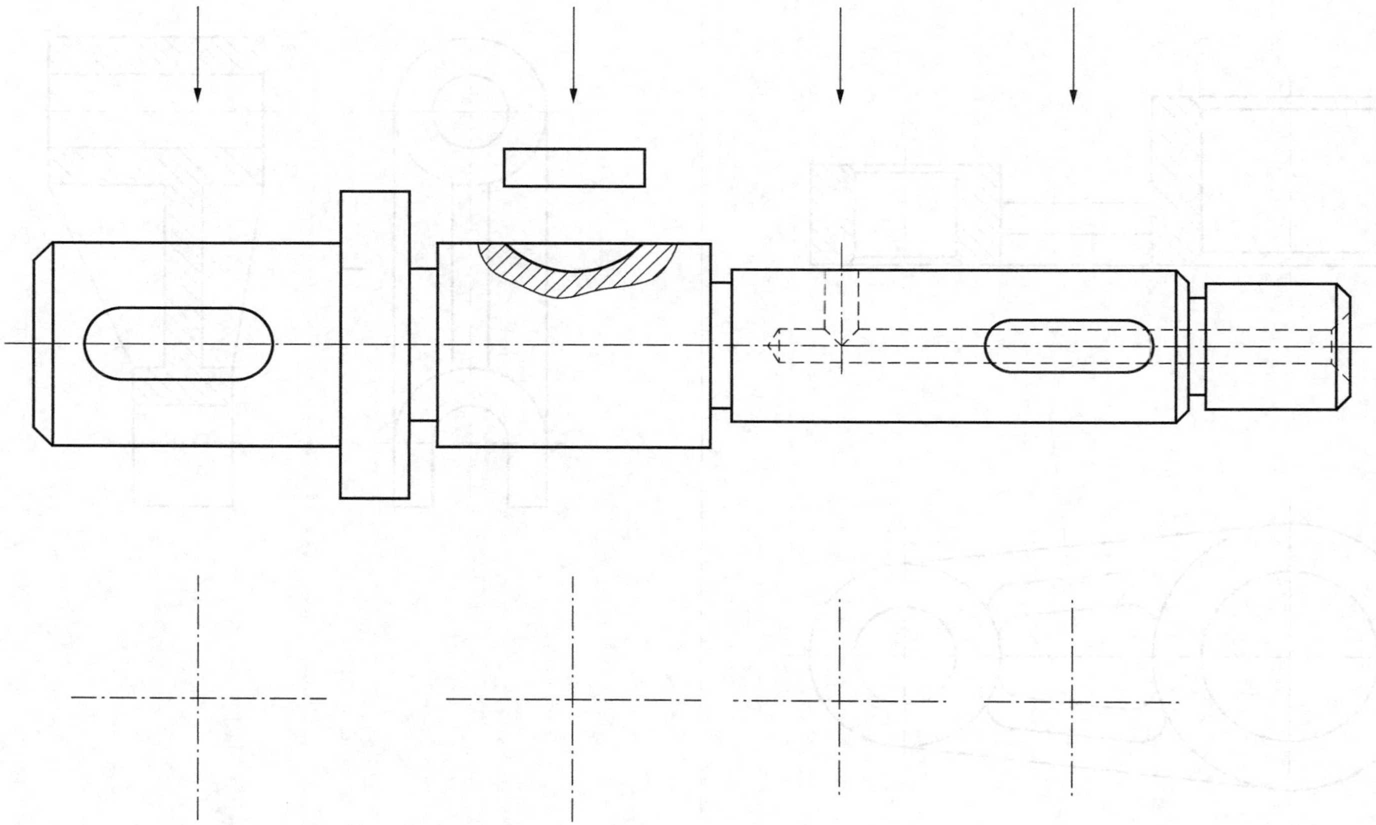

班级　　　　　姓名　　　　　学号

3. 画移出断面图，并进行标注

（1）

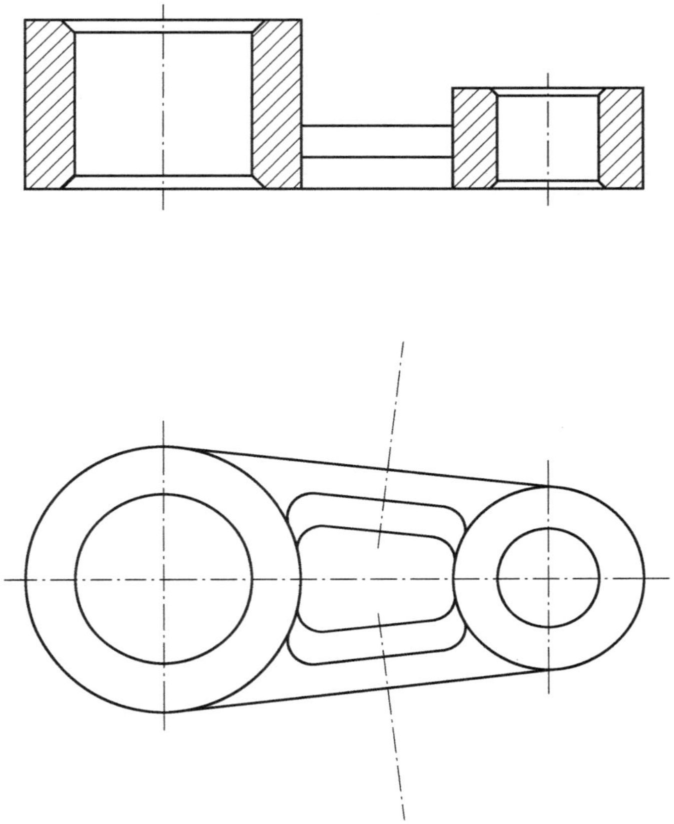

（2）

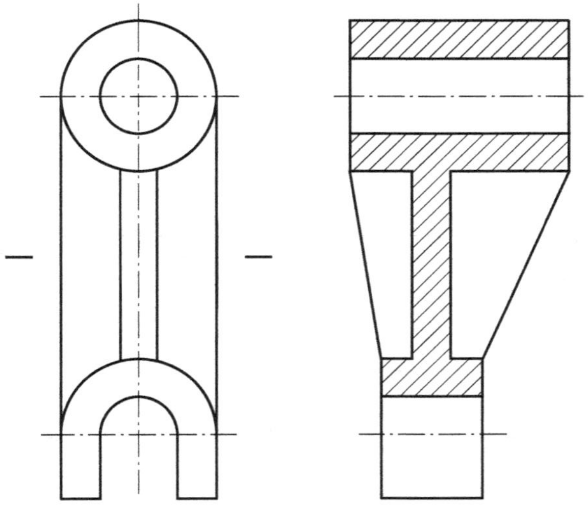

班级 姓名 学号

4.4 其他表达方法

（1）标注局部放大图，比例为3:1。用简化画法画出法兰上均匀分布的6个孔。

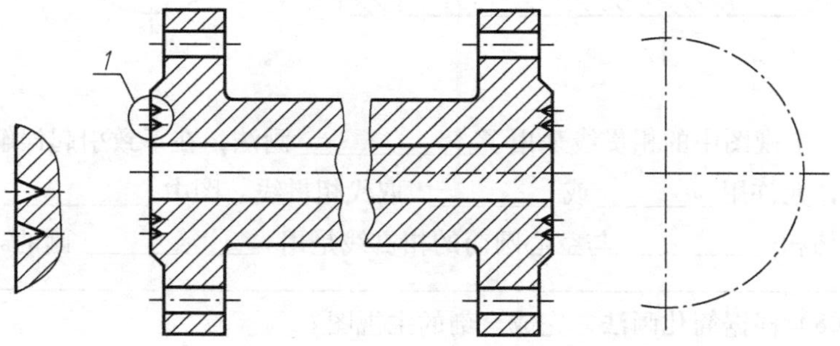

（2）标注在圆形板料上61个直径为$\phi4$，成规律分布的孔；在U形板槽上标注53个直径为$\phi5$ 的孔。

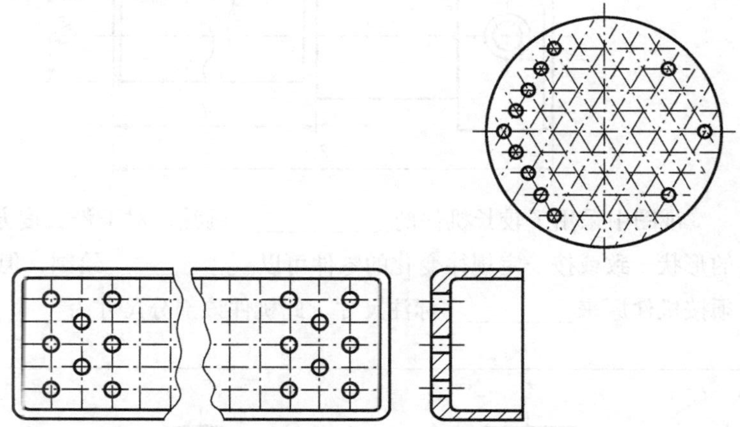

（3）完成按一定规律分布的相同结构的简化画法和标注，它们分别是18个齿和6个腰形槽。

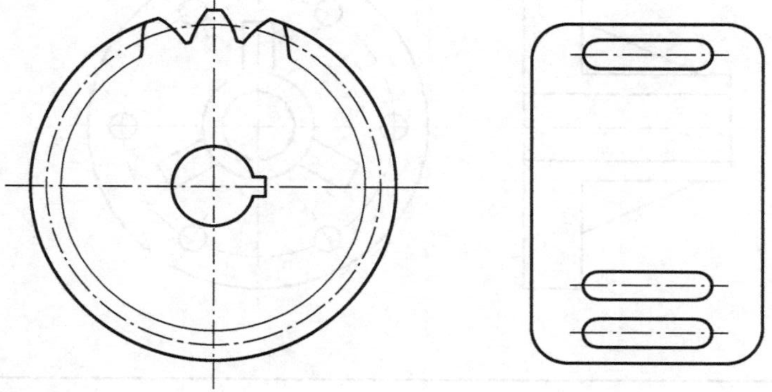

（4）

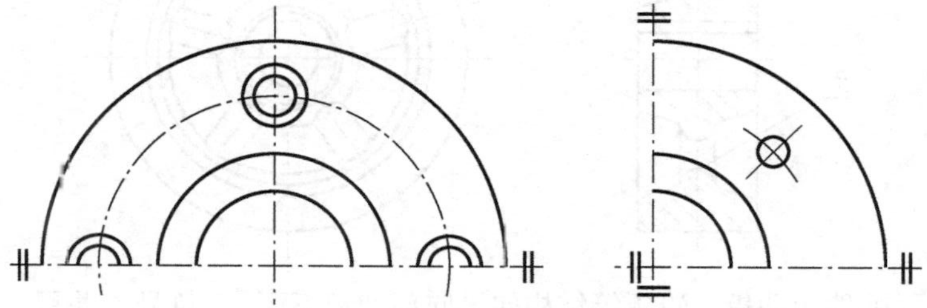

视图中采用了__________的画法，在不致引起误解时，对于对称机件的视图可以只画__________或__________，并在对称中心线的两端画出与其垂直的________符号，机件上右边有________个相同直径的小孔。

班级　　　　姓名　　　　学号

（5）

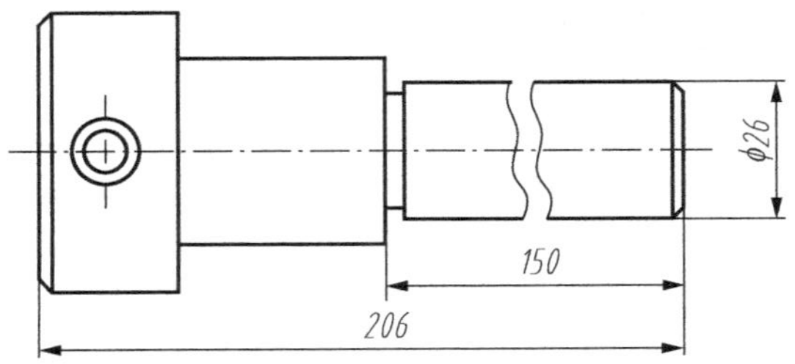

视图中采用了较长机件的 ________ 画法，对于沿长度方向的形状一致或按一定规律变化的零件可以 ________ 绘制，但必须按机件原来 ________ 标注尺寸，此机件该部分尺寸为 ______ 。

（6）

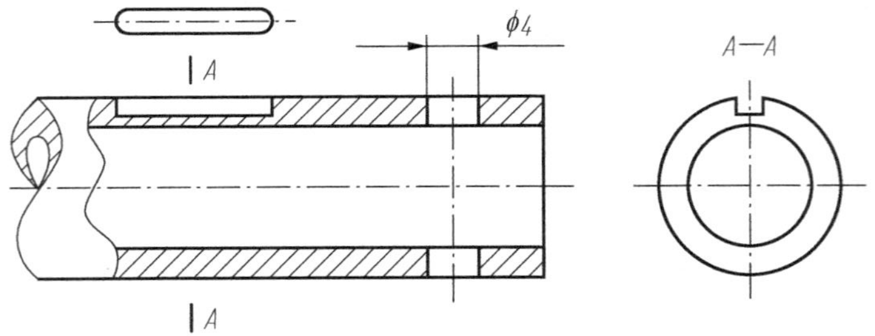

主视图中的相贯线采用了 ________ 画法，在不致引起误解时，允许用 ______ 或 ______ 取代相贯线。图中 ________ 结构和 ________ 与空心圆筒的相贯线是用 ________ 画的。

（7）

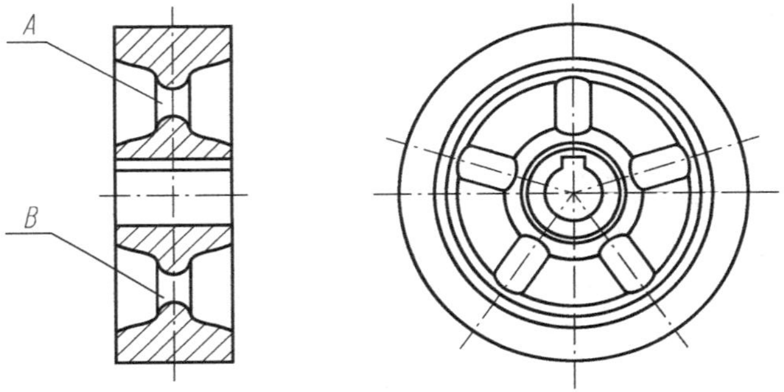

机件上肋板、轮辐等结构如纵向剖切都不画 ___ 符号，并用 ___ 实线将它们与相邻结构分开，如主视图所标 _____ 的部分。当机件回转体上均匀分布的肋、轮辐、孔等结构不处于剖切面上时，可将这些结构 _____ 到剖切平面上画出，如所标 _____ 的部分。

（8）根据简化画法，完成全剖的主视图。

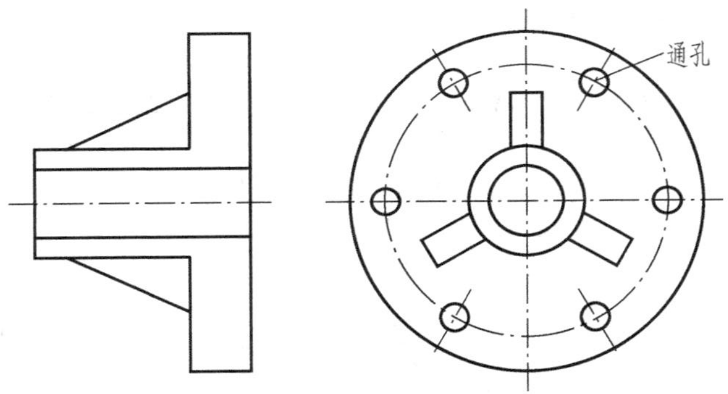

班级 姓名 学号

4.5 第三角画法练习

1. 根据轴测图，用第三角画法画出主视图、俯视图和右视图

（1）

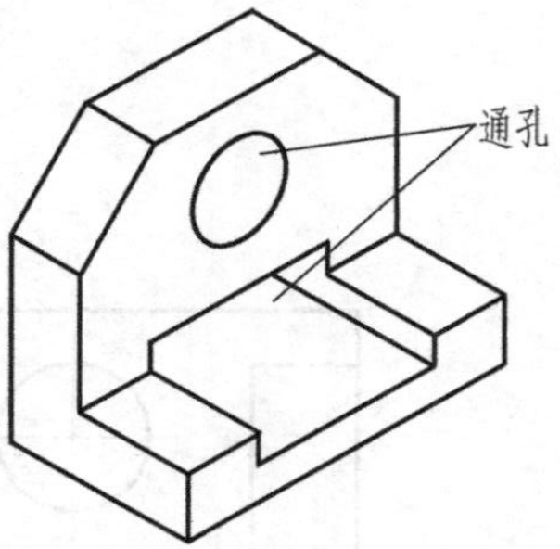

（2）

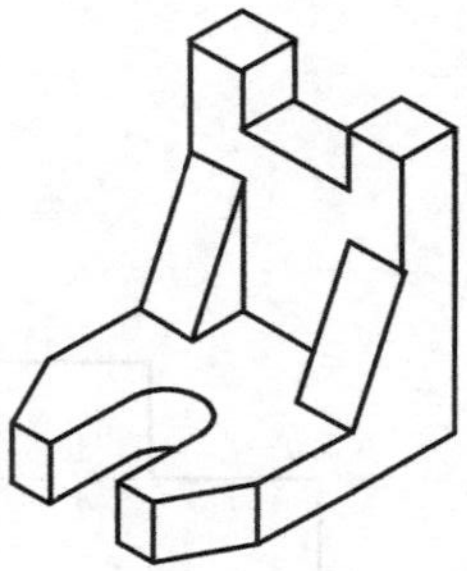

（3）

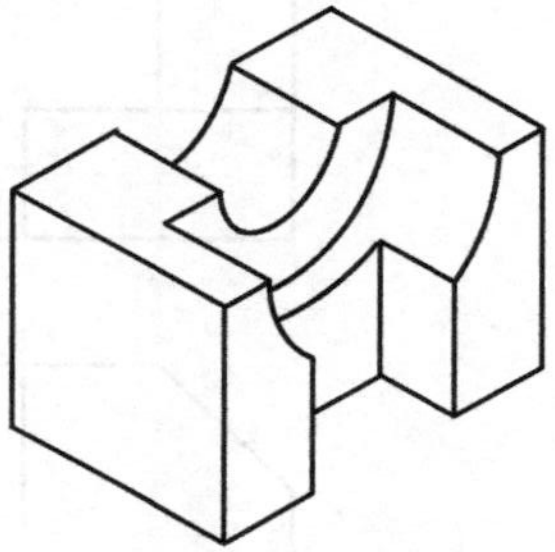

（4）

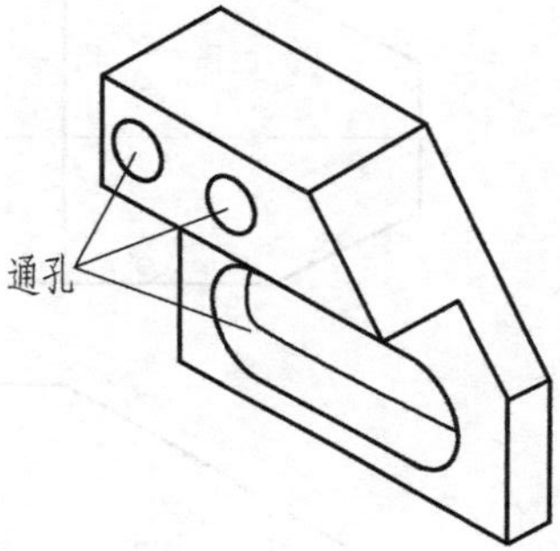

班级　　　　姓名　　　　学号

2. 用第三角画法补画第三视图

（1）

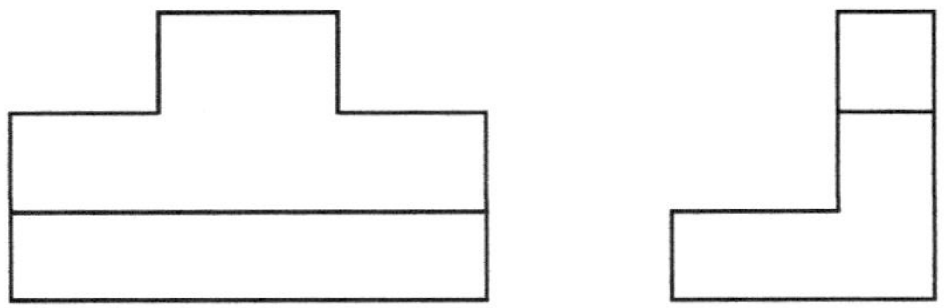

（2）

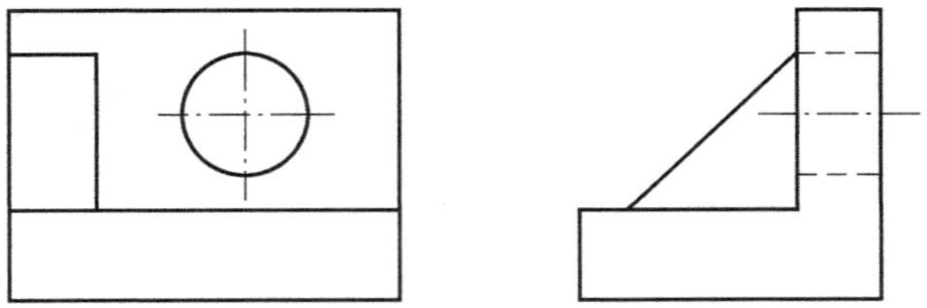

（3）

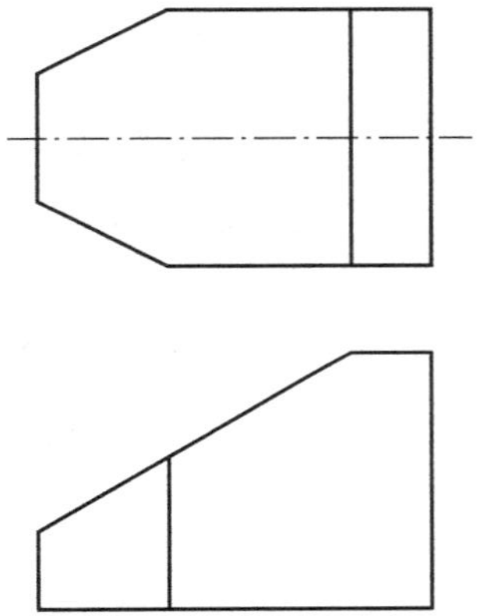

（4）

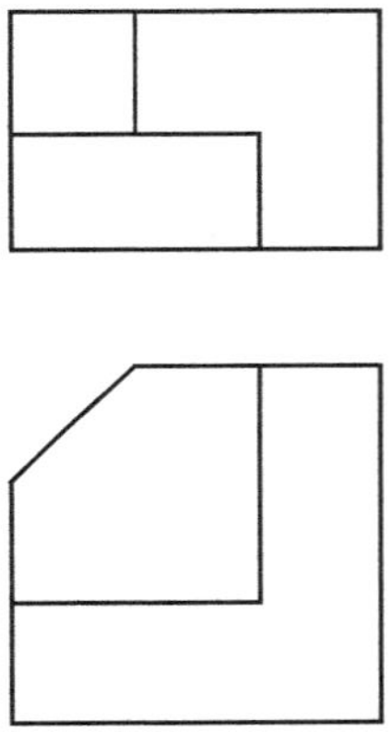

班级　　　　姓名　　　　学号

(5)

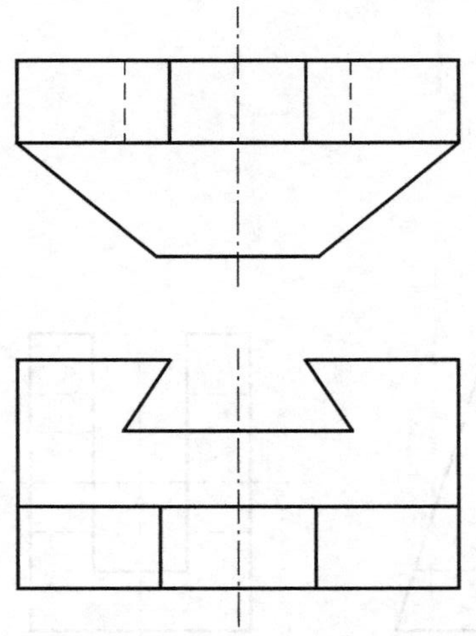

(6)

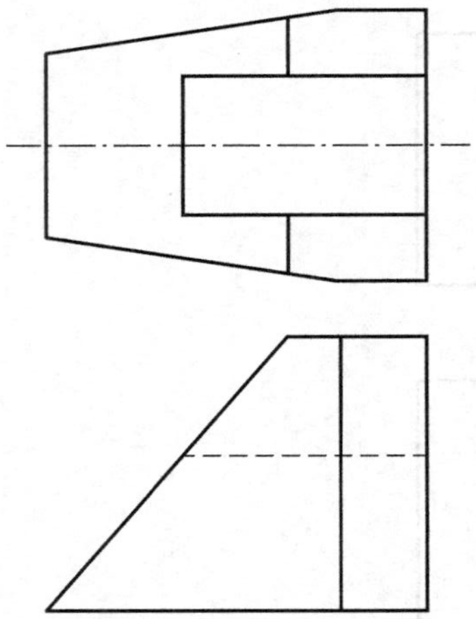

(7)

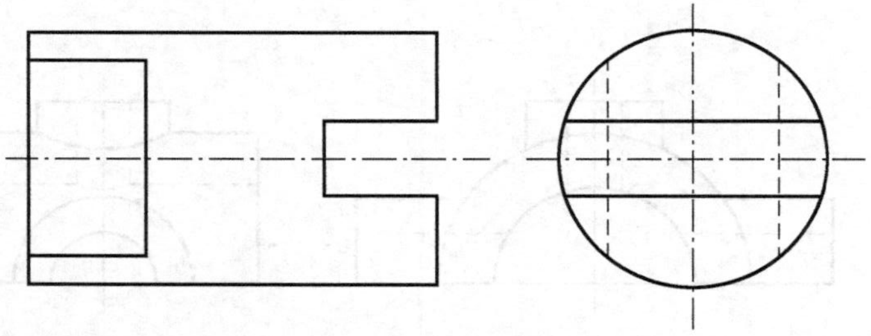

(8)

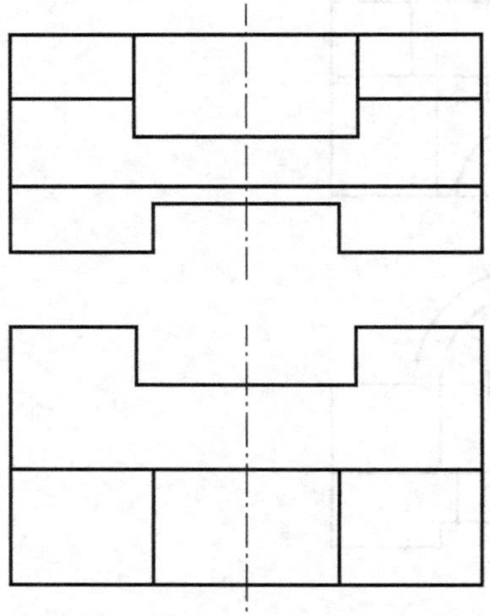

班级 姓名 学号

（9）

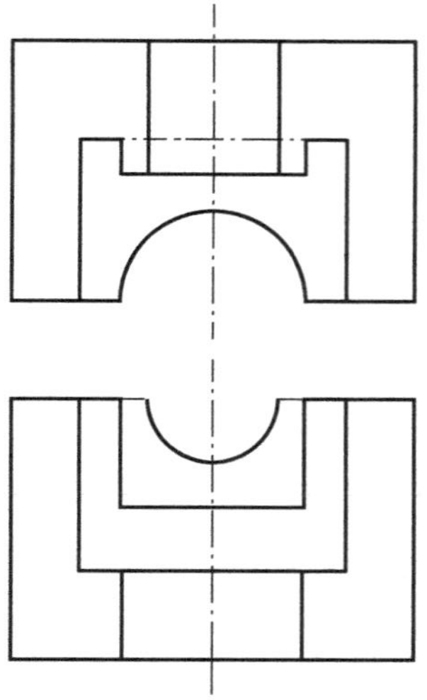

（10）

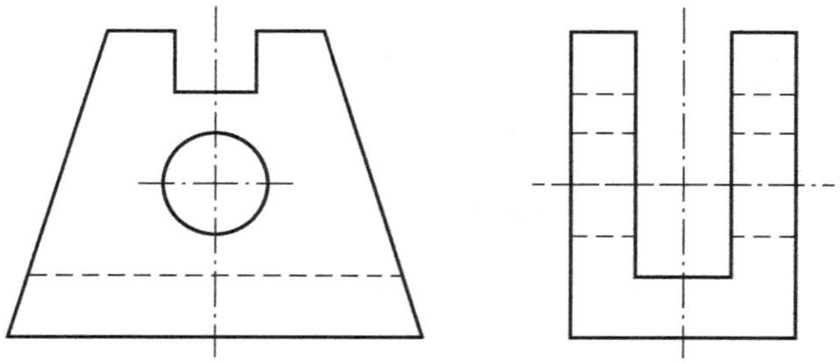

（11）

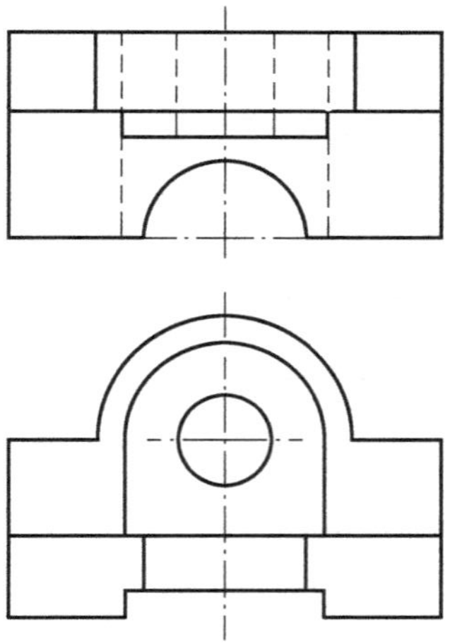

（12）

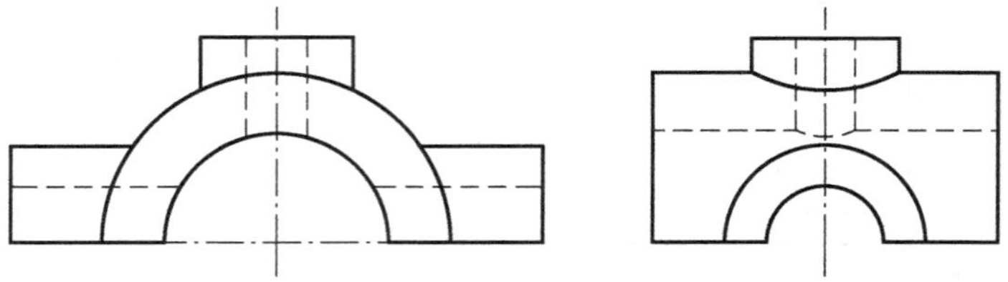

班级 姓名 学号

第5章　标准件与常用件

5.1　螺纹的画法与螺纹连接件

1. 分析图中的错误，并在相应位置画出正确的图

（1）

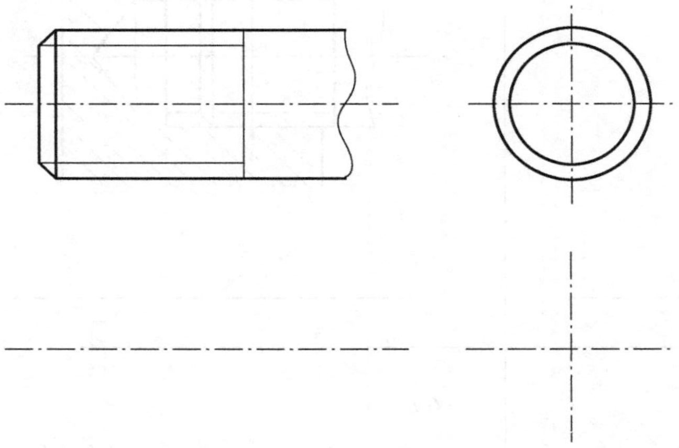

（2）

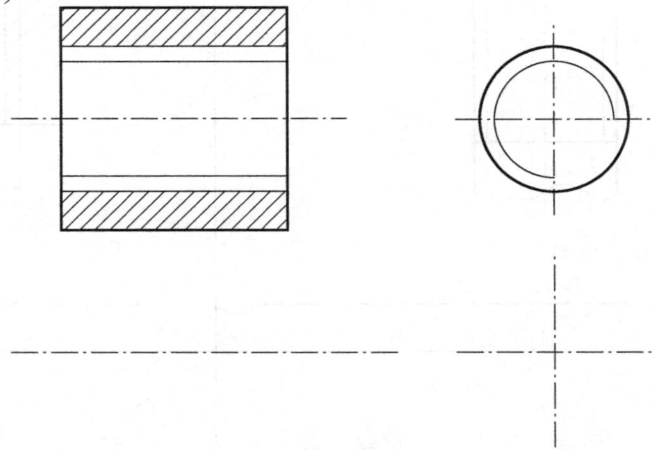

（3）

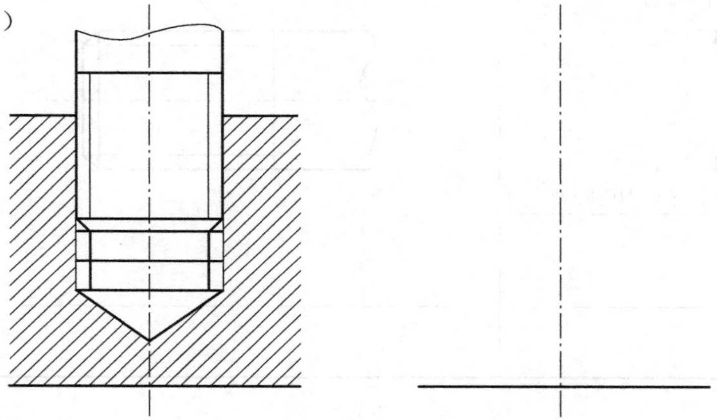

（4）

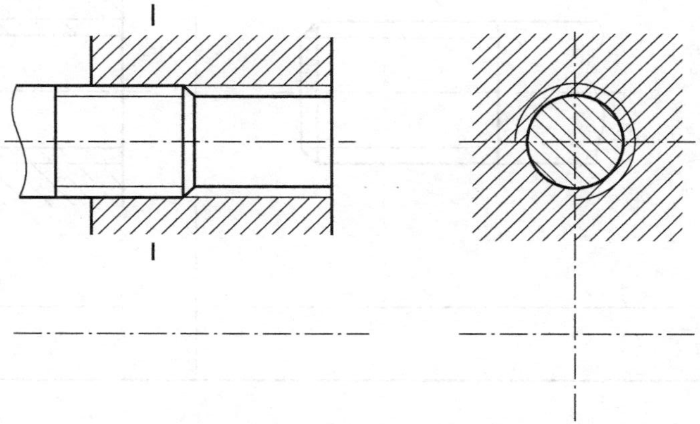

班级　　　　姓名　　　　学号

2. 在横线上填写下列螺纹标记的含义

（1）

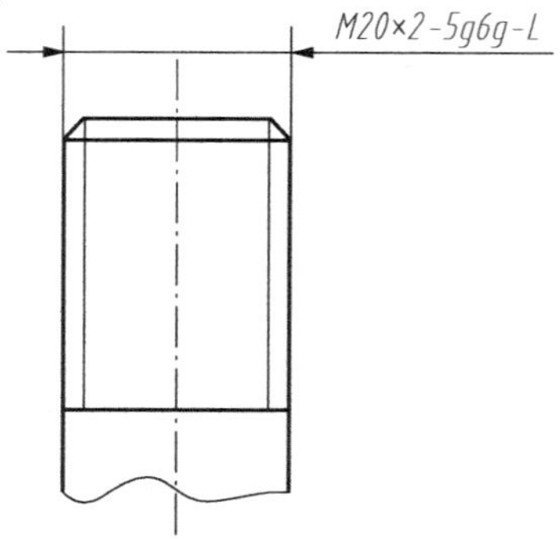

（2）

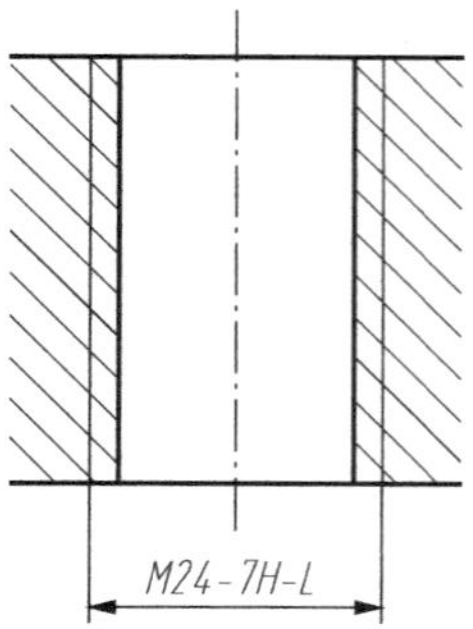

（3）

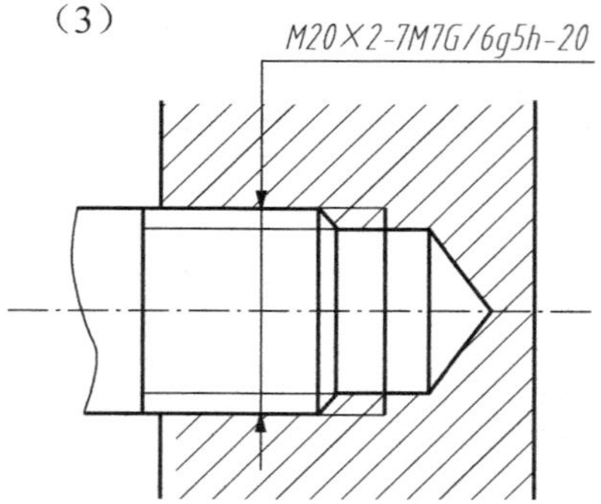

（4）

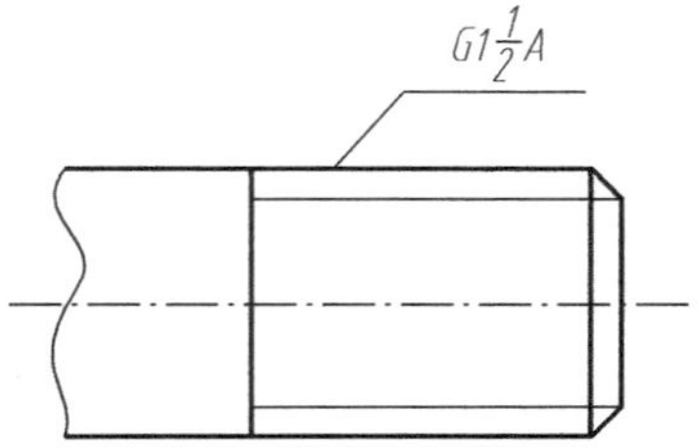

（5）

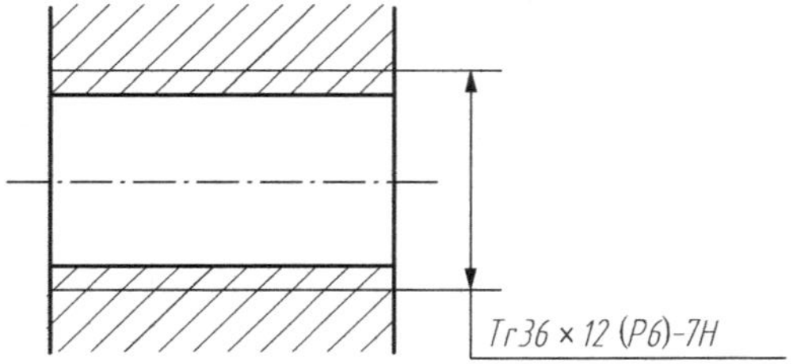

（6）

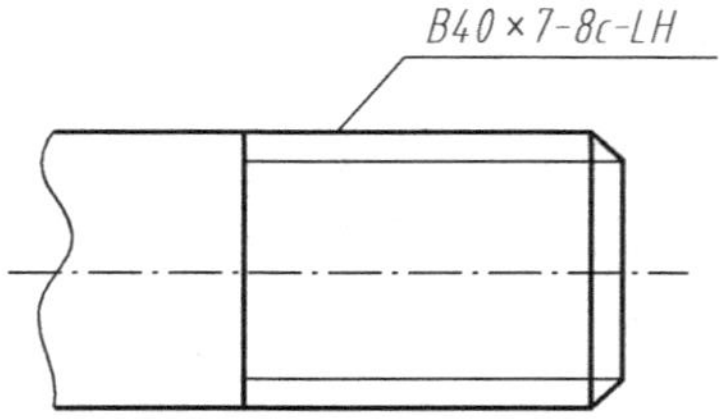

班级 姓名 学号

3. 补全视图缺线

（1）螺栓连接。

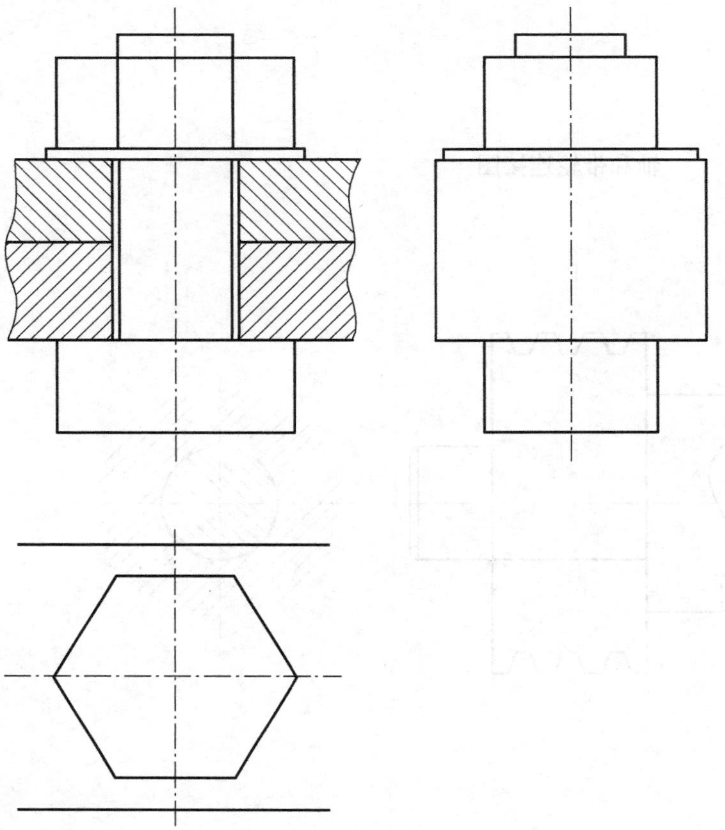

（2）双头螺柱连接。

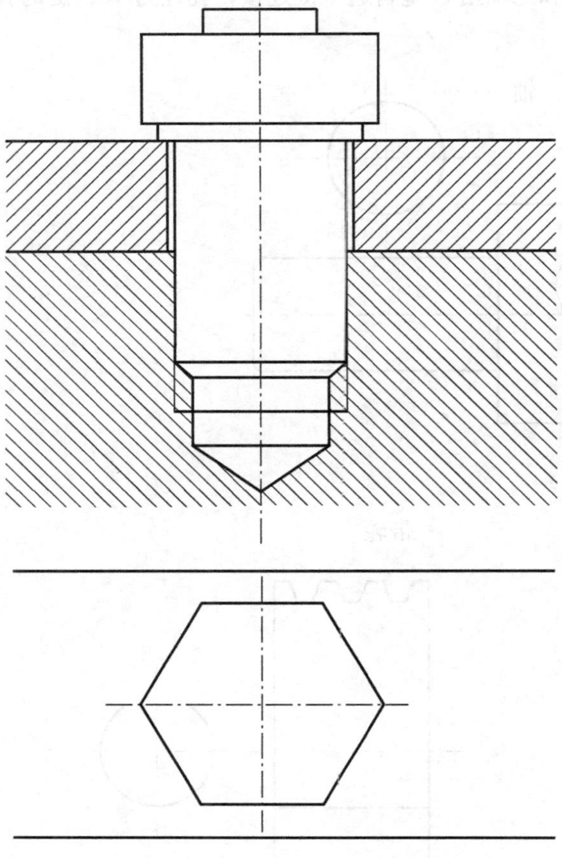

班级 姓名 学号

5.2 键连接和销连接

已知带轮和主轴用 A 型普通平键连接，孔径为 16，键的长度为 20。请分别画出键槽的尺寸和连接图。

轴

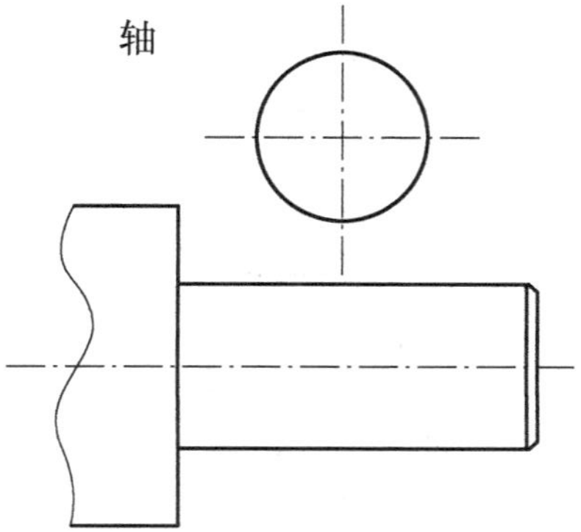

带轮

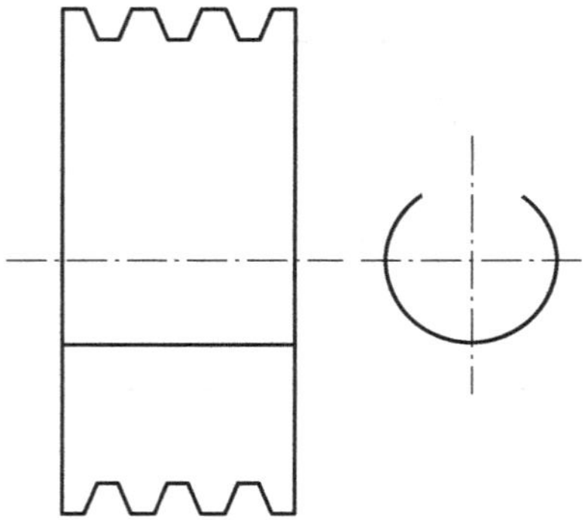

轴和带轮连接图

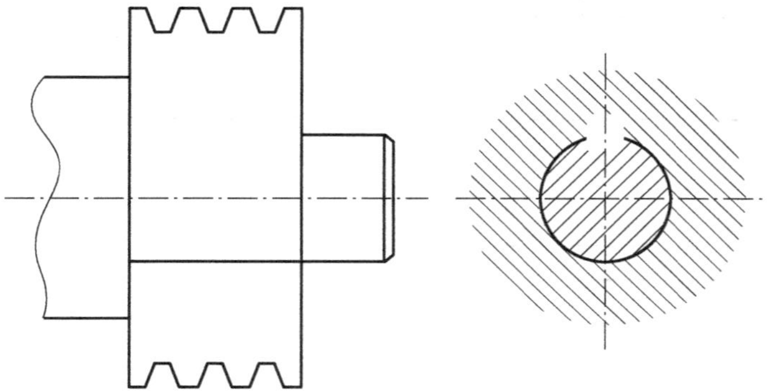

班级　　　　姓名　　　　学号

1. 已知直齿圆柱齿轮 m=4mm，z=25，计算齿轮的分度圆、齿顶圆和齿根圆直径，并完成齿轮的两视图

代号	计算公式	数值
d		
d_a		
d_f		

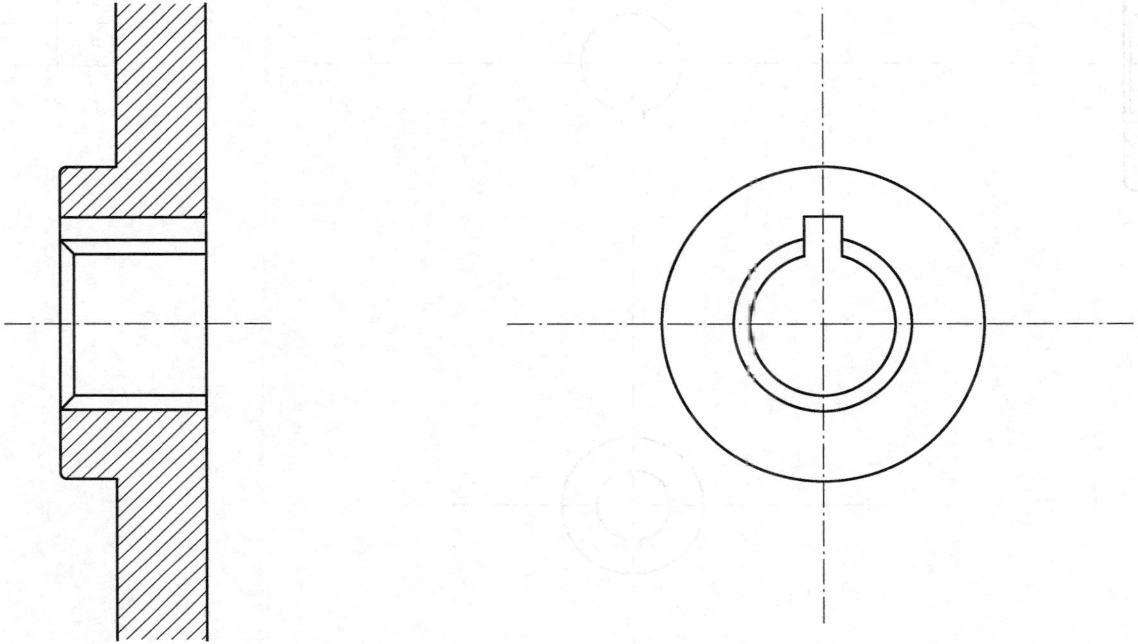

班级 姓名 学号

2. 圆柱齿轮啮合：已知大齿轮 m=4 mm，z_1=35，两齿轮中心距 = 120 mm，计算两齿轮的直径并用 1:2 比例画出啮合图

代号	计算公式	数值
d_1		
d_{a_1}		
d_{f_1}		
d_2		
d_{a_2}		
d_{f_2}		

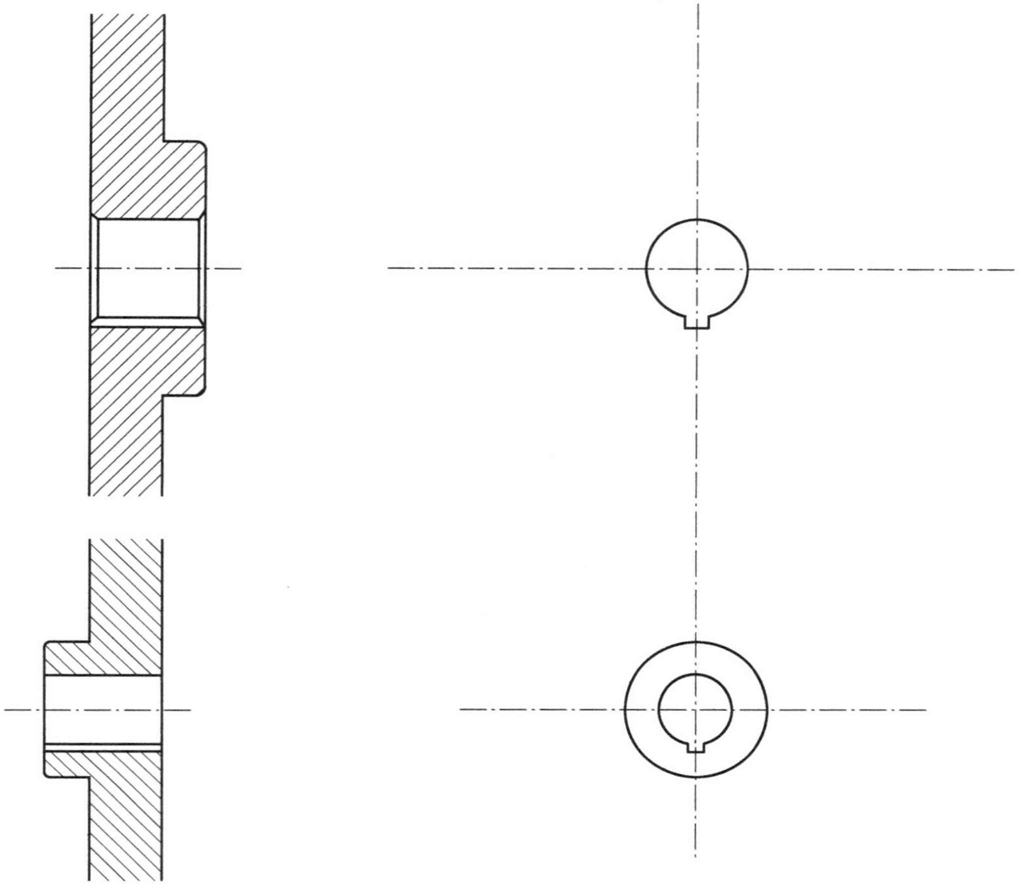

班级 姓名 学号

5.4 轴承和弹簧的画法

（1）试查相关国家标准画出轴承 6208 的规定画法。

（2）某右旋弹簧丝直径 d=5mm，弹簧外径 D_2 =43mm，节距 t=10mm，有效圈数 n=8，支撑圈 n_2=2.5。试画出弹簧的剖视图。

班级 姓名 学号

第6章　汽车零件图

6.1　零件视图的表达方式

根据轴测图，选用一组最佳的视图表达方案表达零件 (零件上均为通孔)

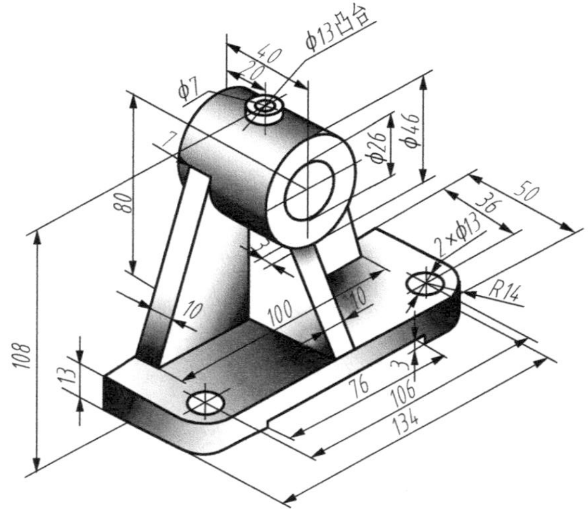

班级　　　　姓名　　　　学号

6.2 零件图的尺寸标注

（1）文字标出下列零件长、宽、高方向尺寸的主要基准和辅助基准（用▲）。

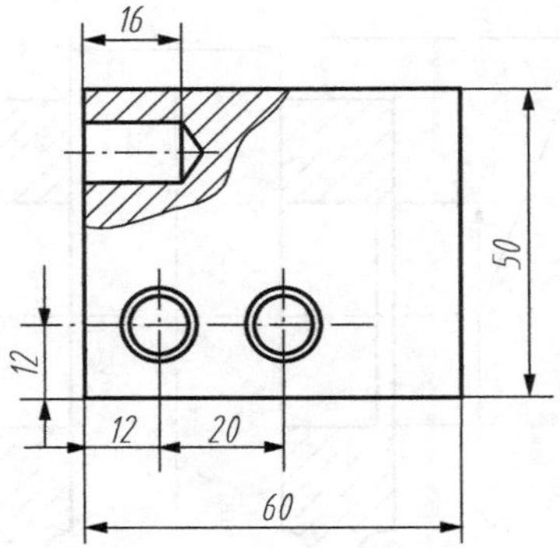

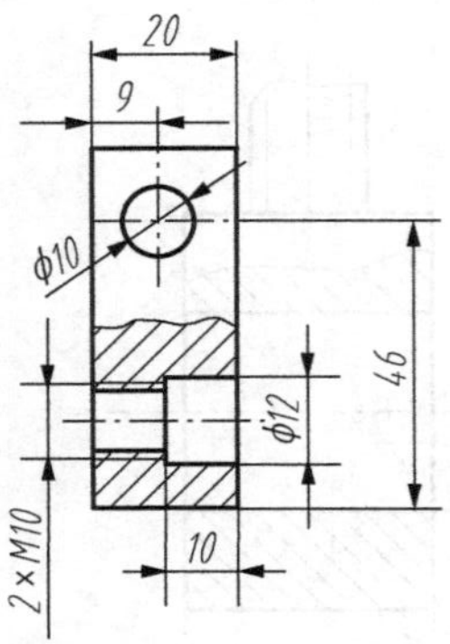

（3）指出尺寸标注中的错误，并作正确标注。

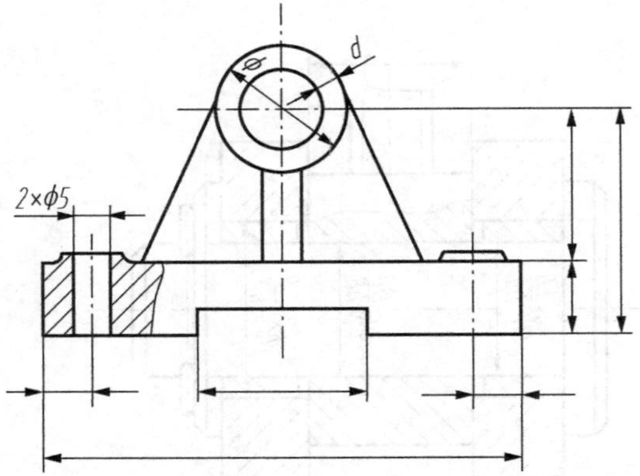

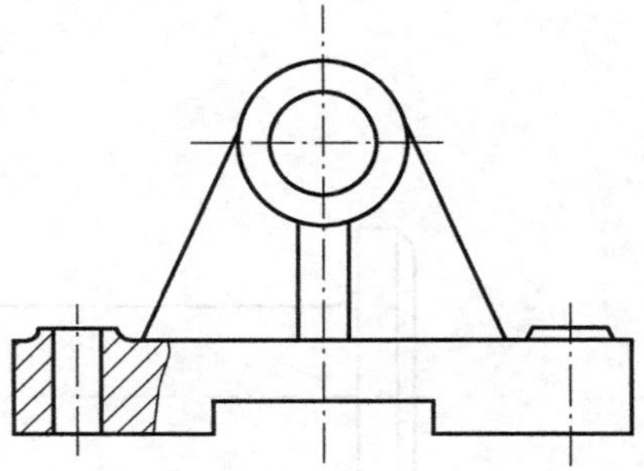

（2）指出尺寸标注中的错误，并作正确标注。

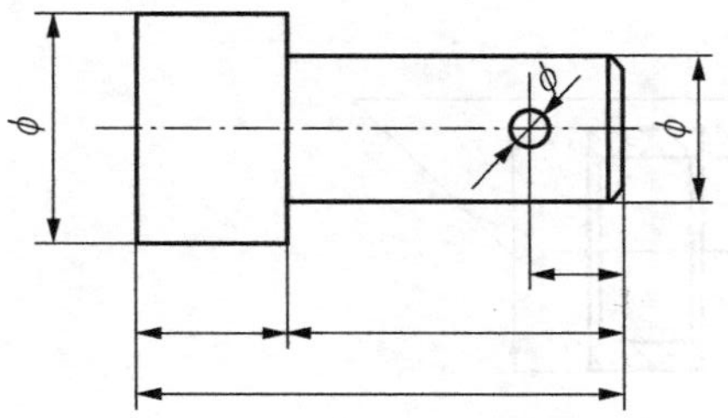

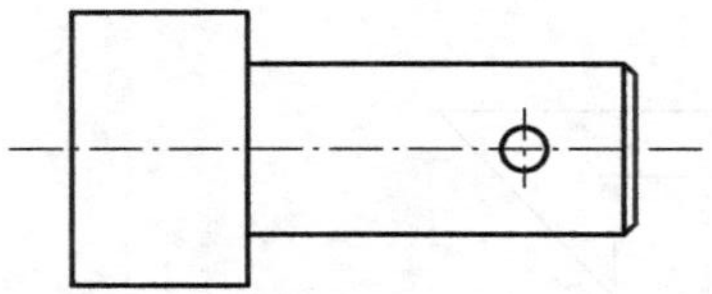

班级 姓名 学号

6.3 零件图的技术要求柱注

1. 按装配图上给定的配合代号，分别在零件图上注出其公差代号及上、下极限偏差数值

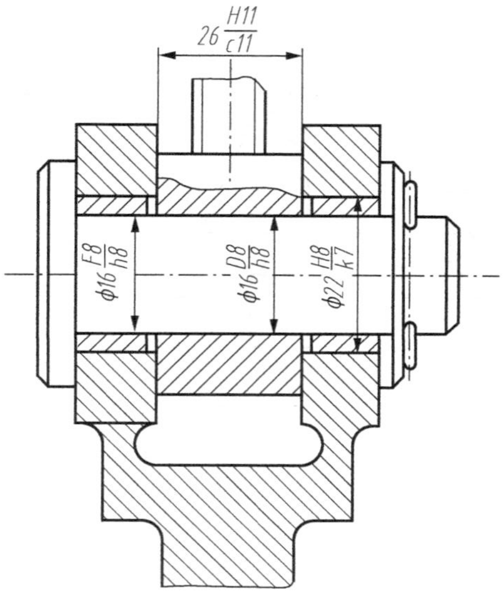

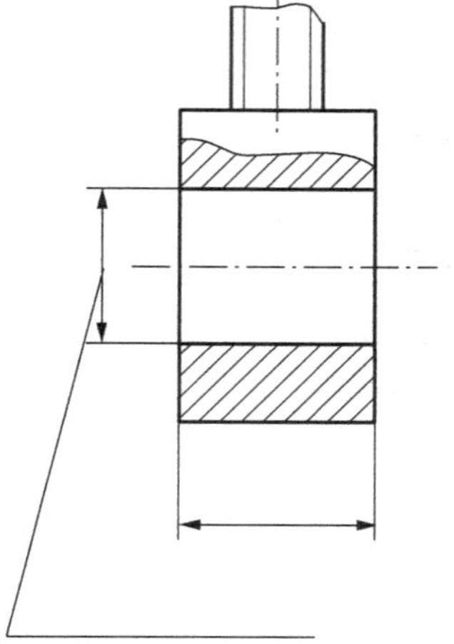

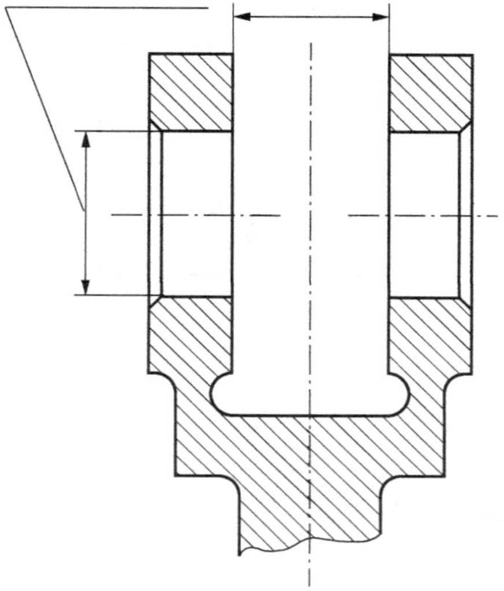

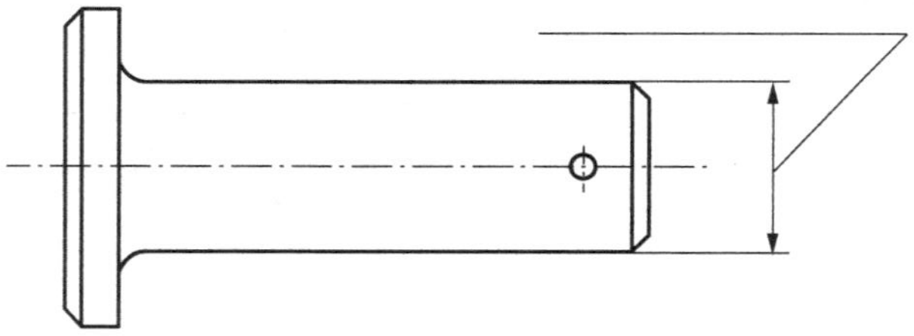

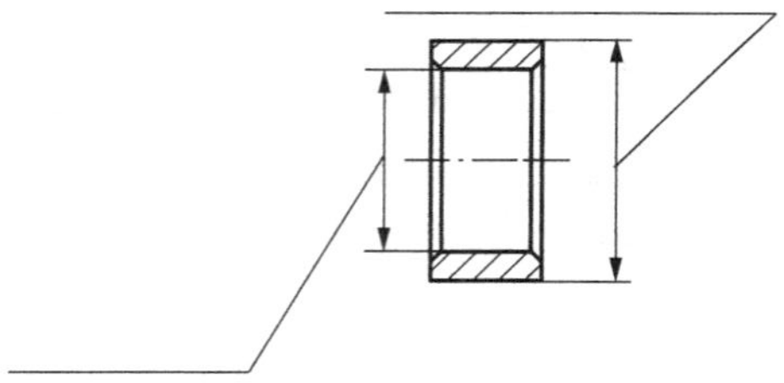

班级　　姓名　　学号

2. 标注表面粗糙度

（1）分析上图中表面粗糙度标注中的错误，在下图中作出正确的标注。

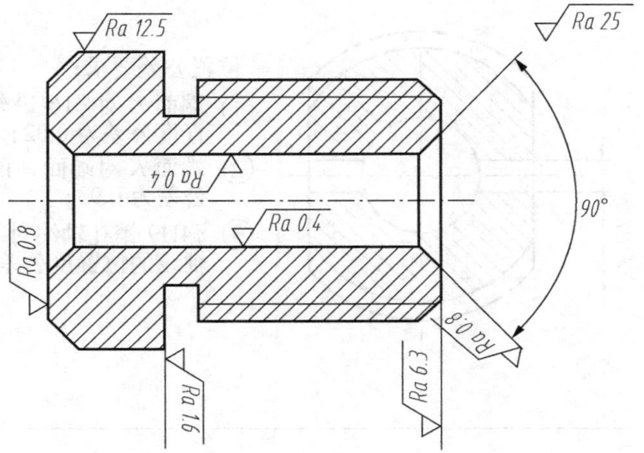

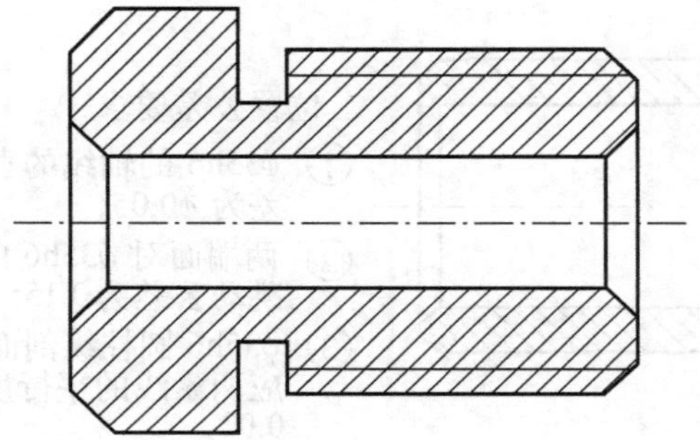

（2）依次按说明标注表面粗糙度。

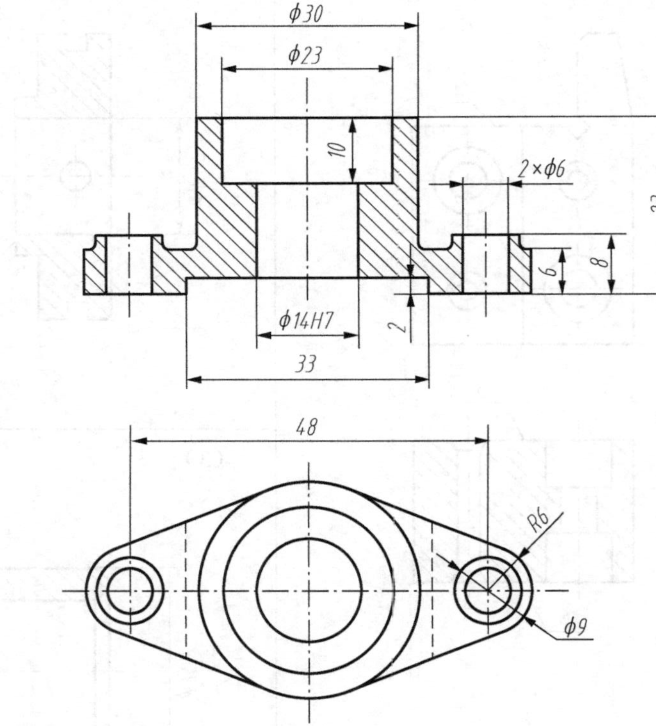

① ϕ14H7 孔内表面粗糙度 *Ra* 为 0.8。
② ϕ23 的表面粗糙度 *Ra* 为 6.3。
③ 2×ϕ6 内孔凸台表面粗糙度 *Ra* 为 3.2。
④ 底板表面粗糙度 *Ra* 为 3.2。
⑤ ϕ30 及其他外表面不切削加工。

3. 按要求用框格标注形位公差代号

（1）

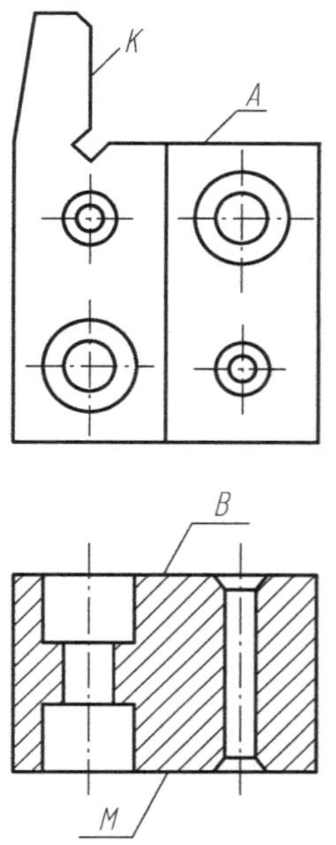

位置公差要求：

① K 面对 A 面的垂直度公差为 0.06；
② M 面对 A 面的垂直度公差为 0.04；
③ 对 B 面的平行度公差为 0.04。

（2）

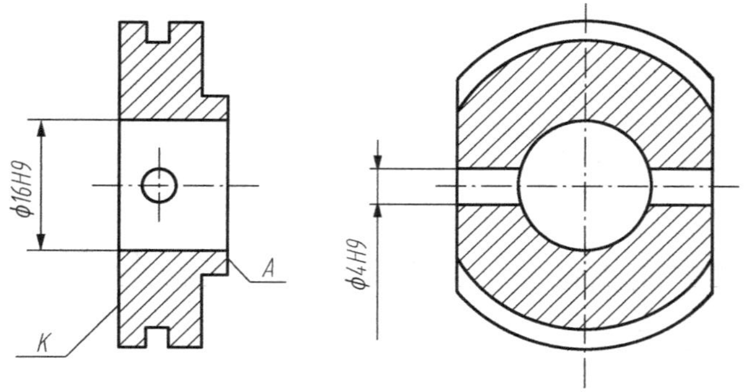

位置公差要求：

① 端面 K 对 $\phi16H9$ 轴线的垂直度公差为 0.02；
② 端面 K 对端面 A 的平行度公差为 0.03；
③ $\phi4H9$ 销孔轴线对 $\phi16H9$ 的轴线的位置度公差为 0.15。

（3）

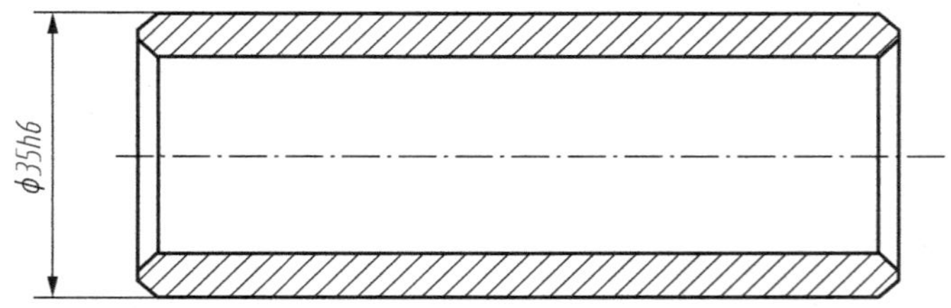

位置公差要求：

① $\phi35h6$ 的轴线的直线度公差为 $\phi0.05$；
② 两端面对 $\phi35h6$ 的轴线圆跳动公差为 0.15；
③ $\phi35h6$ 圆柱纵剖面内，对应两素线的平行度公差为 0.02。

班级　　姓名　　学号

4. 填空说明图中形位公差代号的含义（单位：mm）

（1）

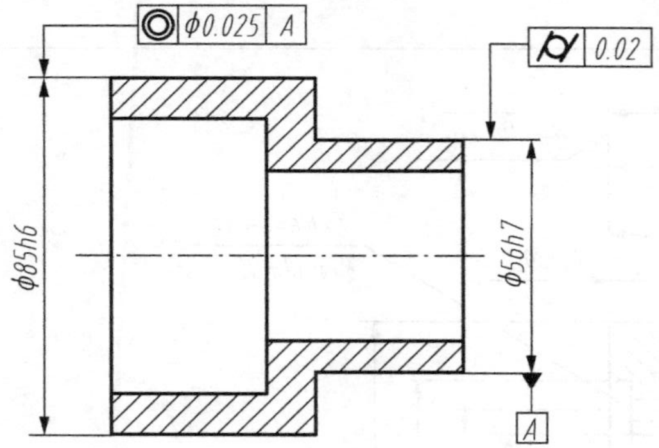

被测________轴线，对________基准轴线的同轴度公差为____；被测__________圆柱面的________公差为________。

（2）

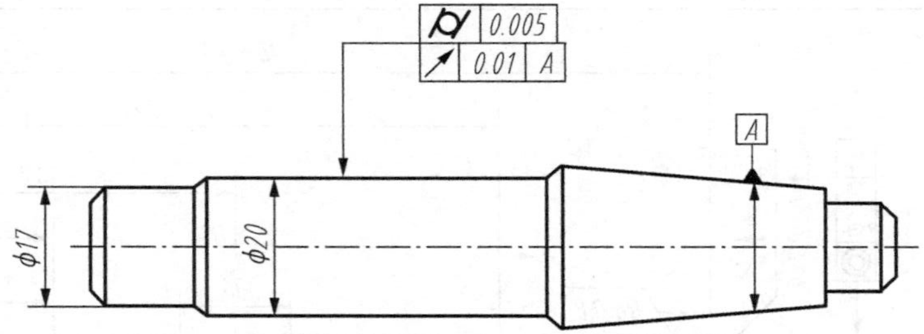

被测_______圆柱面的________公差为_______；被测________圆柱面对圆锥轴段的轴线的________公差为_______。

（3）

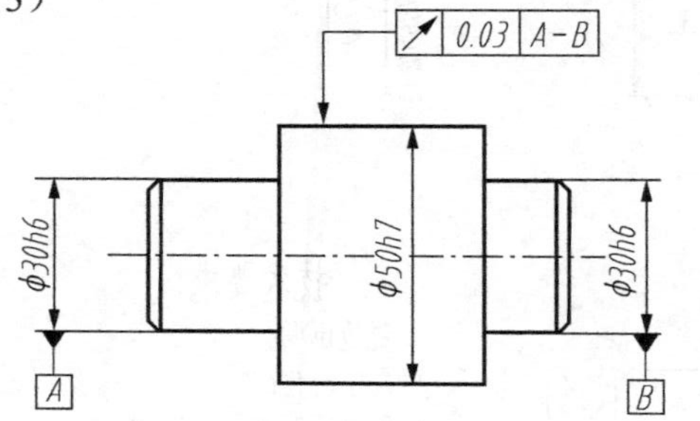

被测__________圆柱面对两个_______公共轴线 *A*、*B* 的______公差为______。

（4）

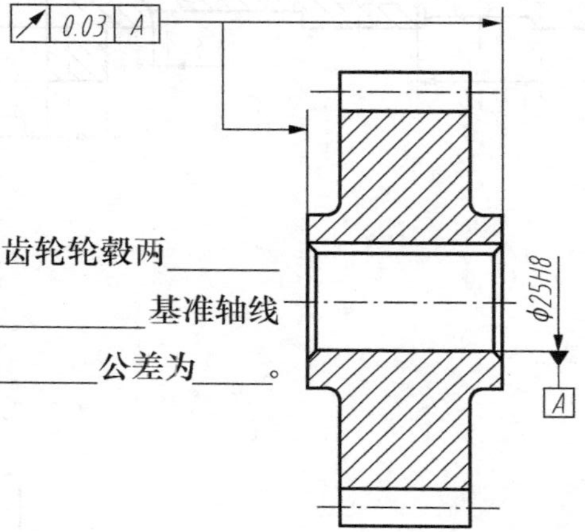

被测直齿轮轮毂两_______面对_________基准轴线 *A* 的_______公差为____。

（5）

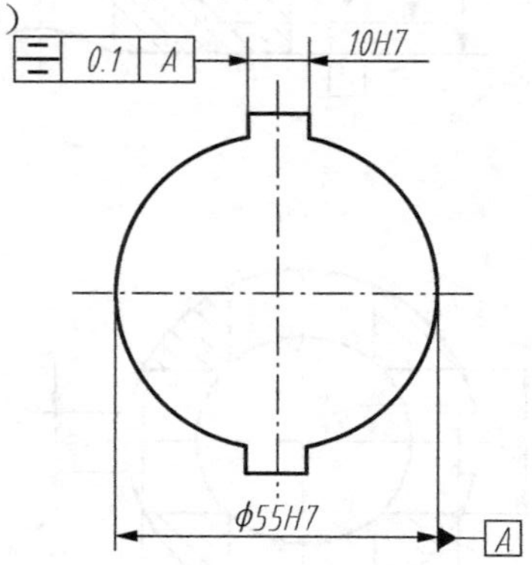

被测_______键槽的________对_______基准中心平面 *A* 的______公差为_____。

班级　　姓名　　学号

6.4 典型零件图的识读

读零件图，完成填空。

（1）

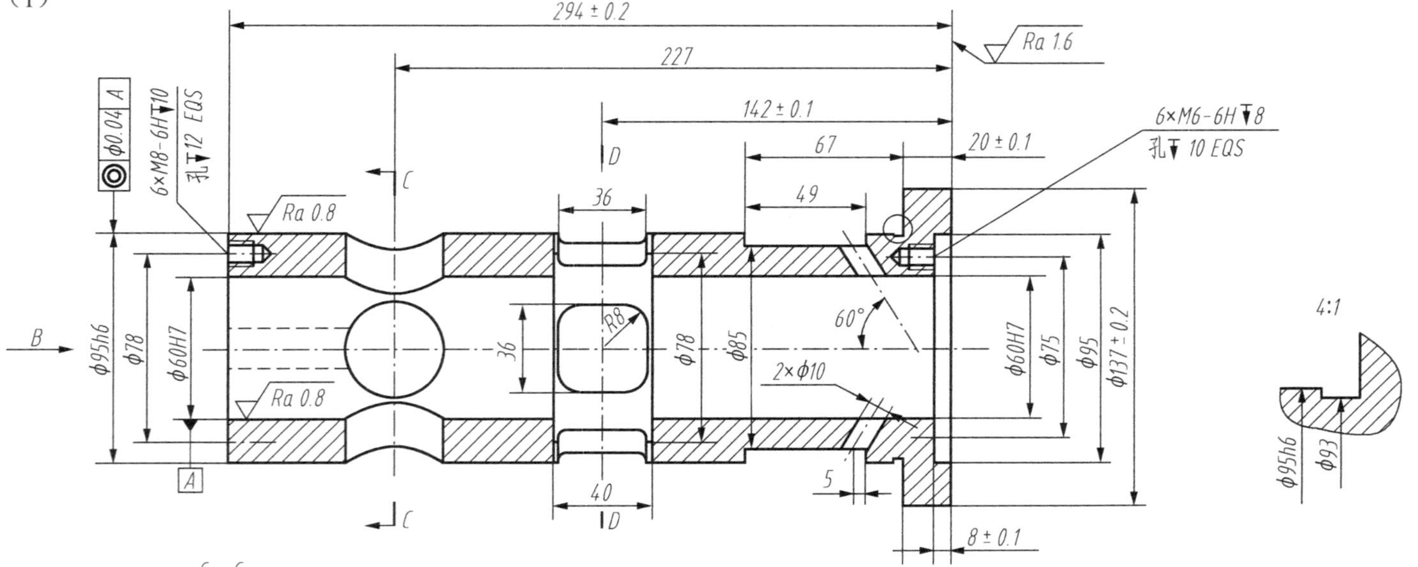

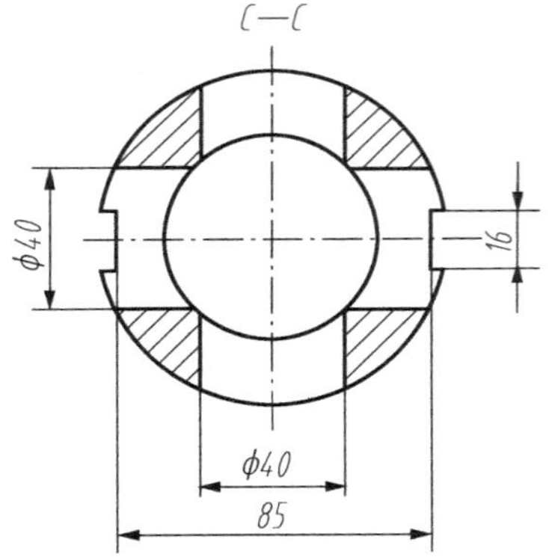

$\sqrt{Ra\ 6.3}$ （$\sqrt{}$）

技术要求

1. 锐边倒角。
2. 未注倒角C2。
3. 所有螺孔倒角皆为C1。

套　筒			比例	1:2	（图号）
			件数	1	
制图		（日期）	重量		共　张　第　张
描图		（日期）	（校名）		
审核		（日期）			

班级　　　　姓名　　　　学号

① 该零件名称是________，属于______类零件。共用了_______个视图表达，其中基本视图有_________，还有一个______和______。材料选用______。

② 该零件的尺寸基准有______个，具体要素是________________________。

③ C—C端面圆孔的定形尺寸是_________，定位尺寸是___________。

④ 标注 $\frac{6\times M6\text{-}6H ▼8}{孔▼10EQS}$，各字母和数字分别代表的是_____________________________。

⑤ ϕ60H7表示公称尺寸为__________，H表示__________，7表示___________。

⑥ 该零件表面粗糙度有_______个等级，最高等级为_________，最低等级为__________。

⑦ | ◎ | ϕ0.04 | A | 表示形位公差项目为_________，公差值为__________，A表示_________。

⑧ D—D处孔形状是_________，定形尺寸是_____________。

⑨ 画 D—D 的移出端面图。

班级　　　　姓名　　　　学号

（2）

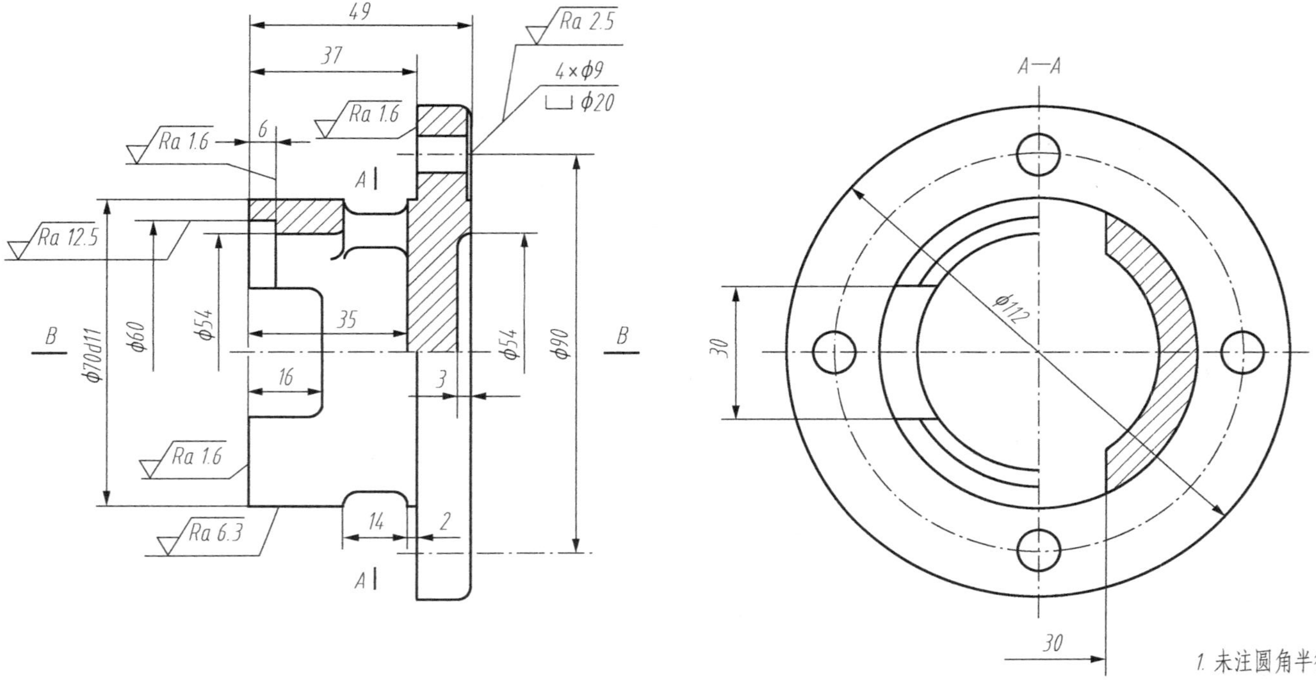

技术要求

1. 未注圆角半径为R3。
2. 铸件不得有气孔，裂纹等缺陷。

轴承盖			比例	1:2	（图号）
			件数	1	
制图		（日期）	重量		共 张 第 张
描图		（日期）	（校名）		
审核		（日期）			

班级　　姓名　　学号

① 此零件名称是 ______，是 ______ 类零件。主视图采用 _____ 剖视。视图采用的比例为 ________ ，属于________ 比例。

② 第1类表面的表面粗糙度代号为 ________，第2类表面的表面粗糙度代号为 ________ ，第3类表面的表面粗糙度代号为 ______ 。

③ 尺寸 $\phi70d11$，其公称尺寸为 ________，基本偏差代号为 ________ ，标准公差等级为 ________ 。

④ *A*—*A* 位置孔形状为 ________ ，其定形尺寸是 ________。

⑤ $\phi60$ 的内孔表面粗糙度是 ________ ，$\phi112$ 左端面粗糙度是 ________，右端面是 ________ 。

⑥ $\frac{4\times\phi9}{\sqcup\phi20}$ 表示 ______ 个直径为 ________ 的孔，$\sqcup\phi20$ 是指 ________ ，其定位尺寸是 ________ 。

⑦ 画 *B*—*B* 位置的半剖俯视图。

班级　　　　姓名　　　　学号

（3）

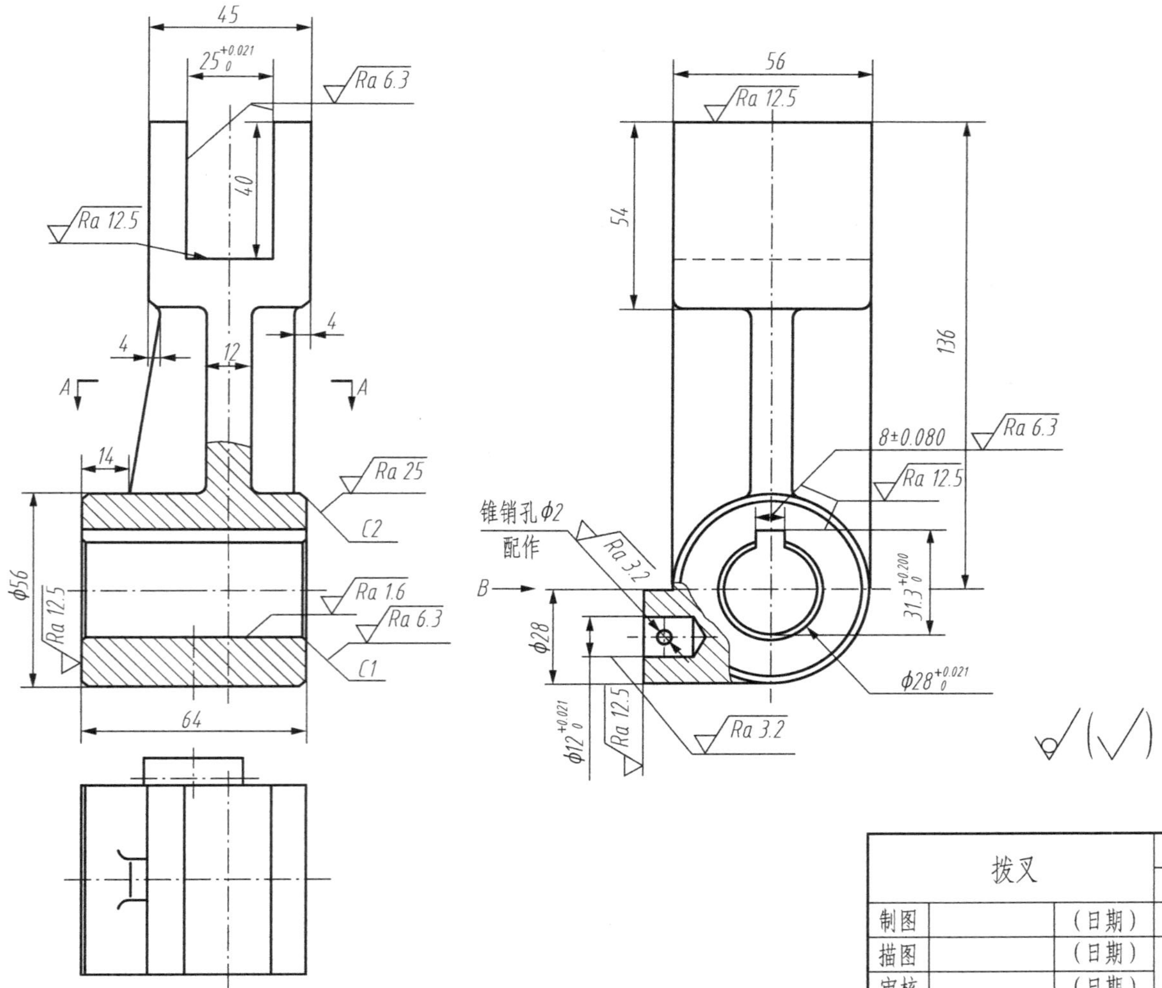

技术要求

未注圆角皆为R3。

拨叉			比例	1:2	（图号）
			件数	1	
制图		（日期）	重量		共 张 第 张
描图		（日期）	（校名）		
审核		（日期）			

班级 姓名 学号

① 该零件名称为________，属于________零件，材料选用____________，HT 表示________，200 表示________。

② 零件长、宽、高方向上的尺寸基准分别是____________、____________、________________。

③ 圆孔内的键槽宽度为________，深度为________，键槽工作表面的粗糙度是________。

④ 该零件连接部分结构为________形状，其板厚为________。

⑤ $\phi 28^{+0.021}_{0}$ 的孔端面倒角是________，其余未注圆角为____________。

⑥ 表面粗糙度最高的表面是________，数值为________。

⑦ 补画 *A*—*A* 位置的断面图。

班级　　姓名　　学号

（4）

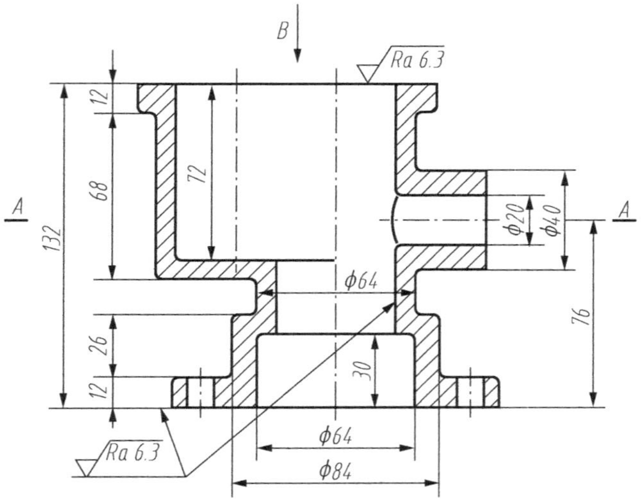

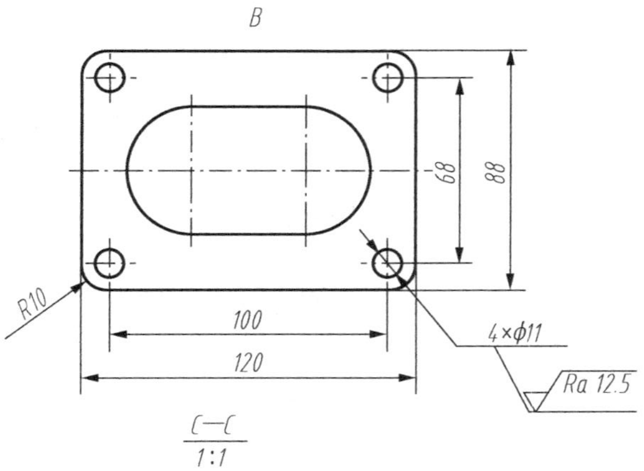

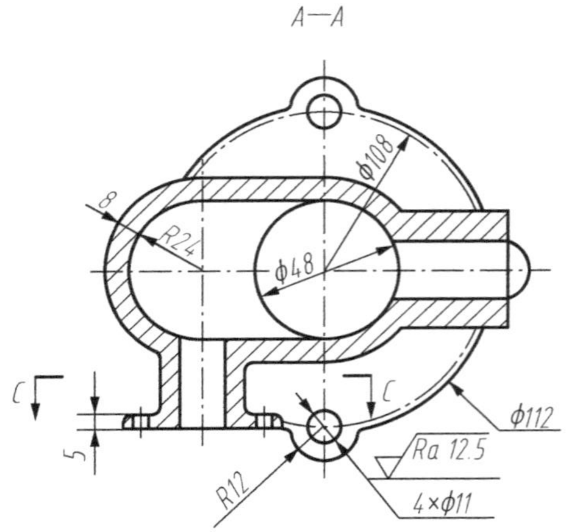

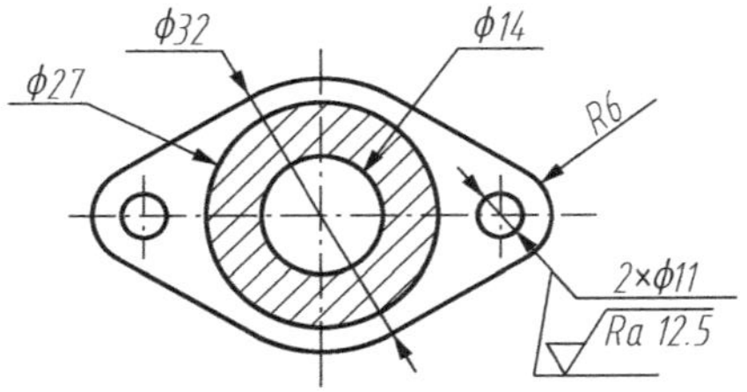

技术要求

1. 未注圆角半径为 $R3$。

2. 铸件不得有气孔，裂纹等缺陷。

底座		比例	1:2	（图号）
		件数	1	
制图	（日期）	重量		共 张 第 张
描图	（日期）	（校名）		
审核	（日期）			

班级 姓名 学号

①画出主视外形图(不标注尺寸)。

②指出零件长、宽、高方向的主要尺寸基准________________。

③该零件的表面粗糙度共有____级要求；切削表面中，要求最高的表面 *Ra* 值为____，要求最低的 *Ra* 值为____。

④在 *B* 向视图上，补上所缺的尺寸(不标尺寸数字)。

⑤零件上四个连接孔的定位尺寸是________，定形尺寸是________。

⑥该零件名称叫____________，属于____________类零件。

⑦该零件采用了____________个图形表达，其中 *B* 向局部视图是为了表达________________，*C*—*C* 是____________视图。

班级　　　　姓名　　　　学号

第7章　汽车装配图

7.1　管钳装配图的识读

读管钳装配图，回答读图思考问题，并拆绘零件图。

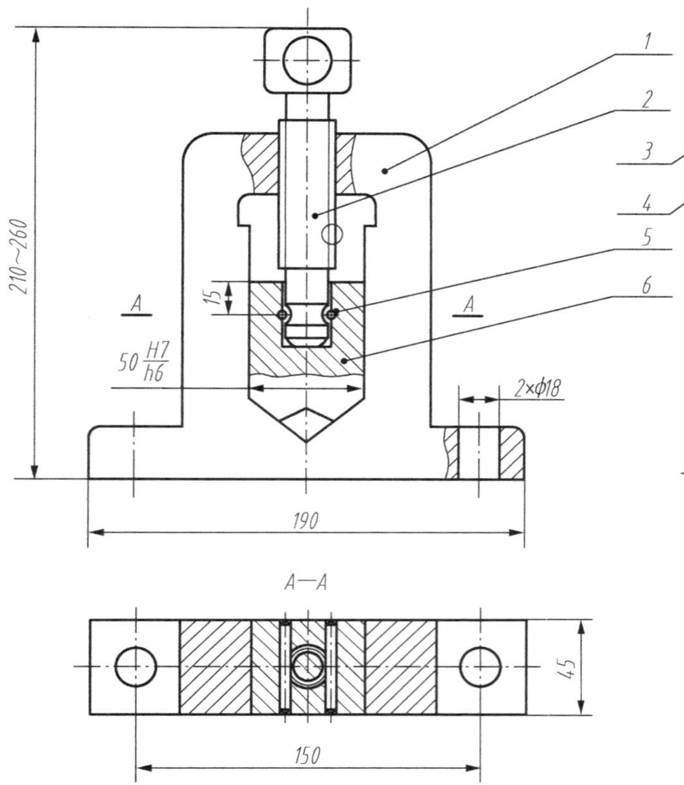

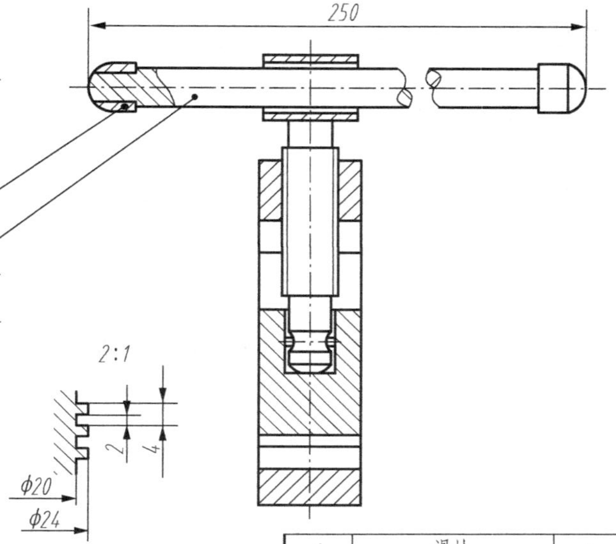

6	滑块	1	45	
5	销A4×45	2	35	GB/T119.1—2000
4	手柄杆	1	Q235	
3	套圈	1	Q235	
2	螺杆	1	45	
1	钳座	1	HT200	
序号	名称	数量	材料	备注

管钳		比例	1:2	（图号）
		件数	1	
制图	（日期）	重量		共　张　第　张
描图	（日期）	（校名）		
审核	（日期）			

班级　　　　姓名　　　　学号

（1）该装配体为______，由____种____个零件组成。

（2）该装配图由____个视图组成，其中主视图采用了____剖视图，左视图采用了____画法，手柄杆实际长度为____。

（3）螺杆上的螺纹为______螺纹，采用了____画法，螺杆的升降范围是____。

（4）该管钳能夹紧的最大管类零件直径为________。

（5）滑块与钳座的配合为____制的____配合。其公称尺寸是____。

（6）件2和件6之间是____连接，其标注代号为________。

（7）拆画2号零件。

班级　　　　姓名　　　　学号

读钻模装配图，回答读图思考问题，并拆画零件图

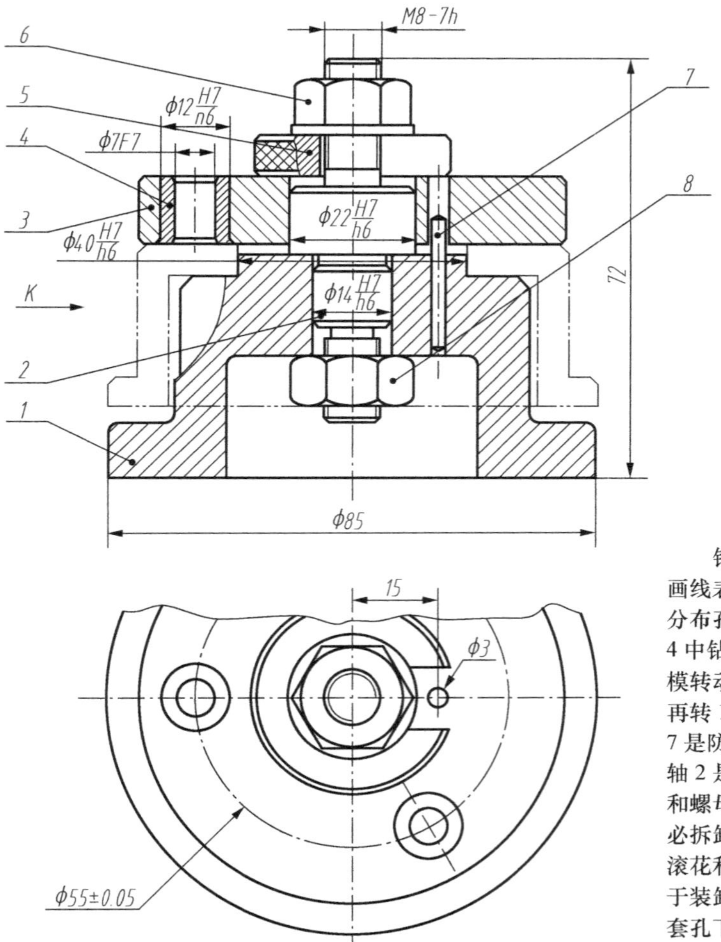

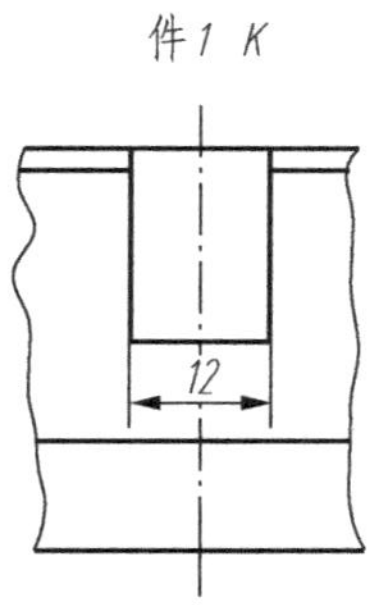

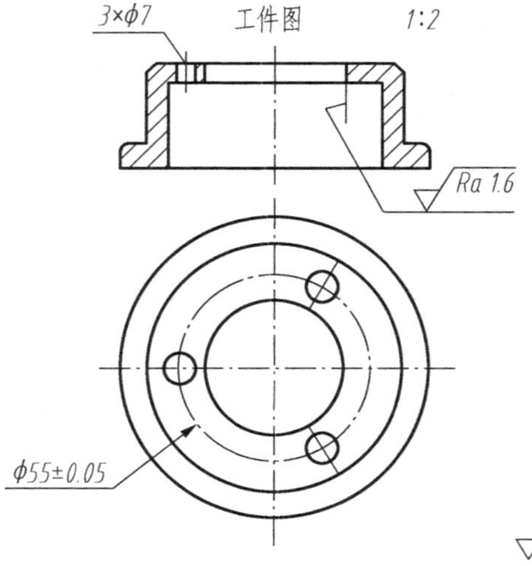

Ra 6.3 (√)

钻模工作原理

钻模是用于在工件（以双点画线表示其轮廓）上钻三个均匀分布孔的工具。钻头由三个钻套4中钻入，钻好第一孔后，将钻模转动120°，钻第2孔；同样，再转120°后，钻第3孔。销钉7是防止钻孔时钻模板3转动的，轴2是定钻模板3中心的，他们和螺母6在装卸工件时，都是不必拆卸的，在开口垫圈5上网纹滚花和其右端缺口，都是为了便于装卸工件时取出。底座1在钻套孔下方，开有三个槽，系用以排出切屑而设计的。

8	螺母 M10	1	5级	GB/T6710—1986
7	圆柱销 A3×28	1	35	GB/T119.1 2000
6	螺母 M10	1		
5	开口垫圈10-30	1	45	
4	钻套	3	T8	
3	钻模板	1	45	
2	轴	1	45	
1	底座	1	HT150	
序号	名称	数量	材料	备注

钻模			比例	1:2	（图号）
			件数	1	
制图		（日期）	重量		共 张 第 张
描图		（日期）	（校名）		
审核		（日期）			

班级　　姓名　　学号

（1）该装配体名称是________，由____个____种零件组成。

（2）该装配图共有____个视图，其中主视图采用了____画法，另外两个图是____视图和______。

（3）右边的工件图采用了____比例。该工件是____体零件。

（4）件 1 *K* 向为表达____结构，该结构的作用是________________________。

（5）件 1 与件 2 是____配合，件 2 与件 3 是____配合，件 3 与件 4 是____配合。

（6）件 7 是____，其作用是________________________。

（7）拆画件 1 零件图，并标注尺寸和技术要求。

班级　　　　姓名　　　　学号

7.3 阀体装配图的识读

读阀体装配图，回答问题。

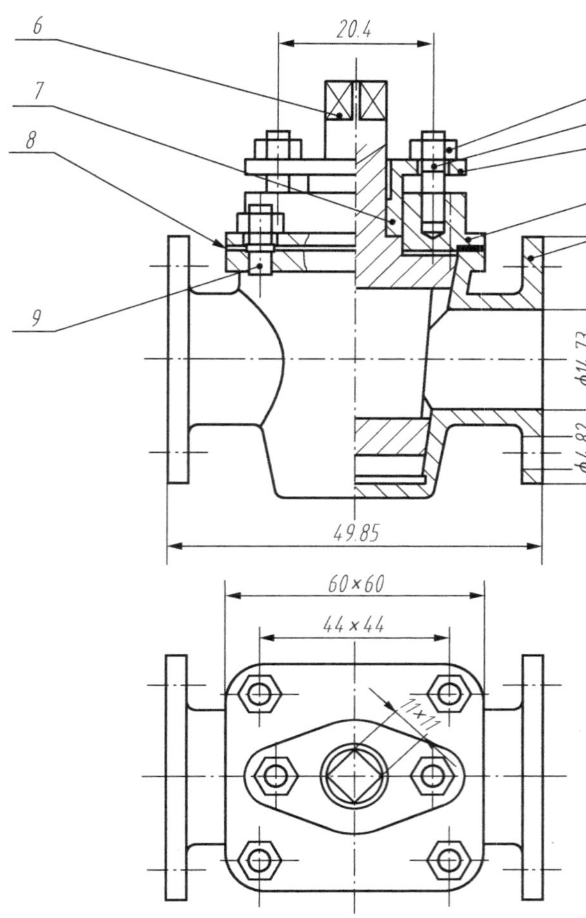

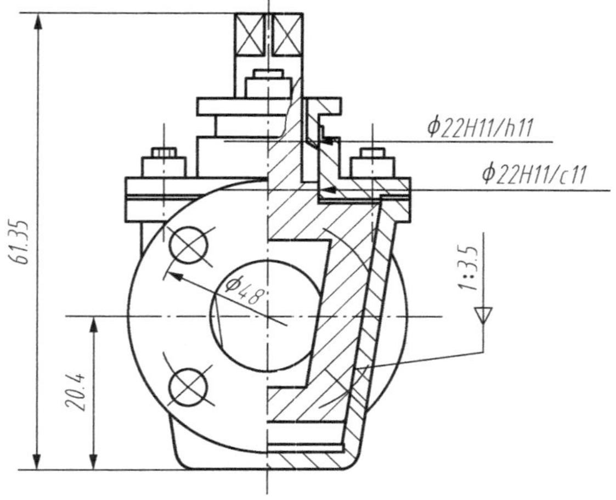

序号	零件名称	数量	材料	备注
9	螺柱 M6×12	4		65/897—2000
8	垫片	1	工业用纸	
7	填料	1	麻	
6	旋塞	1	Zcu5n1Gb1	
5	螺母 M6	6		GB6770—1985
4	螺柱 M6×12	2		GB/T898—2000
3	填料压盖	1	HT150	
2	旋塞盖	1	HT150	
1	旋塞阀壳	1	HT150	

旋塞阀		比例	1:1	（图号）
		件数		
制图	（日期）	重量		共 张 第 张
描图	（日期）	（校名）		
审核	（日期）			

班级 姓名 学号

（1）这是 ____________ 的装配图，其中有 ____________ 种标准件，他们是件 ____________ 和件 ____________。1 号零件是用材料制作的，6 号零件有 __________ 个，其标准号为 __________。

（2）该装配图采用 _____ 个视图表达，主视图采用的是 _____ 剖视图和 _____ 剖视图。

（3）标注 $\phi22H11/c11$ 是 _____ 尺寸，公称尺寸为 _____、_____ 级孔的配合，采用 _____ 制属于 _____ 配合。

（4）零件 6 的名称是 ______，材料是 ______，锥度是 ______。

（5）该装配体能够承受的最大工作压力是 ______________，安装时不得有 ___________。

（6）拆画 4 号零件。

7.4 虎钳装配图的识读

读虎钳装配图，回答问题。

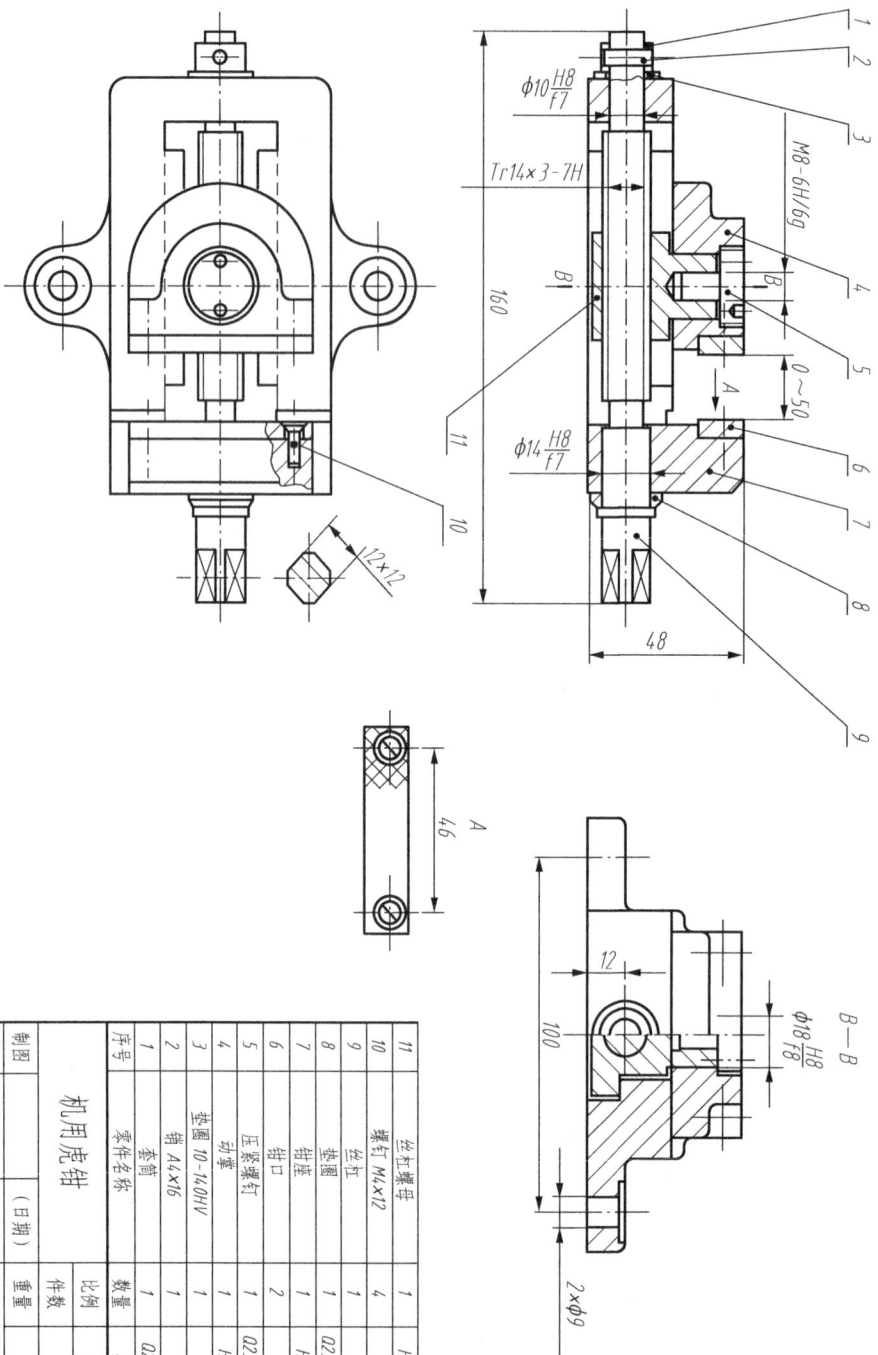

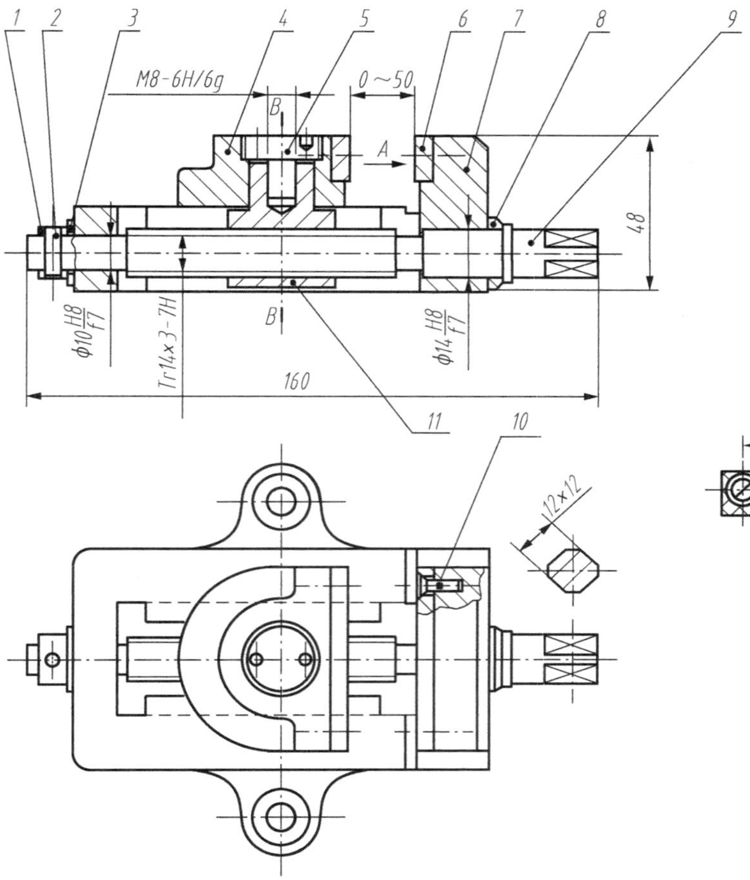

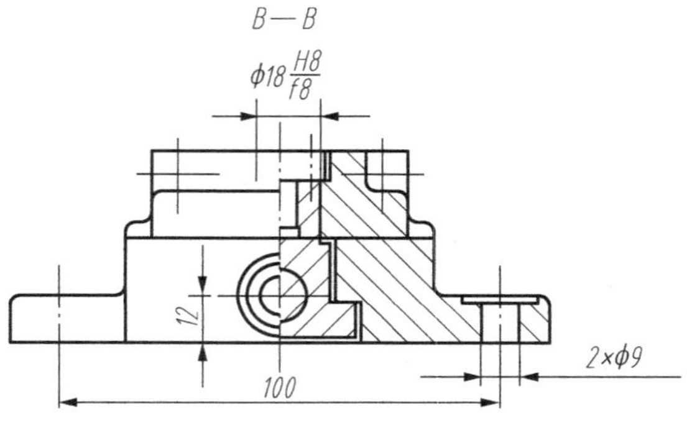

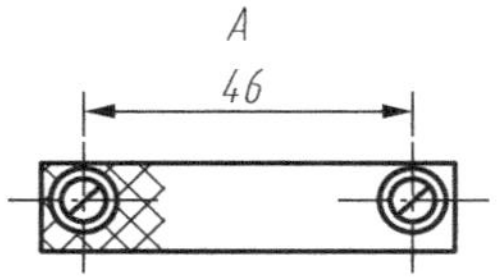

序号	零件名称	数量	材料	备注
11	丝杠螺母	1	HT200	
10	螺钉 M4×12	4		GB/T68—1985
9	丝杠	1	35	
8	垫圈	1	Q235—A	
7	钳座	1	HT200	
6	钳口	2	45	
5	压紧螺钉	1	Q235—A	
4	动掌	1	HT200	
3	垫圈 10-140HV	1		GB/T97—1985
2	销 A4×16	1		GB/T119—1986
1	套筒	1	Q235-A	

机用虎钳		比例	1:1	（图号）
		件数		
制图	（日期）	重量		共 张 第 张
描图	（日期）	（校名）		
审核	（日期）			

班级　　姓名　　学号

（1）该机用虎钳共有 _______ 视图表达，分别是 _______、_______、_______ 和 _______。钳口的活动距离是 _______。

（2）件 9 中的螺纹是 _______ 螺纹，其公称直径是 _______，螺距是 _______，旋向是 _______。

（3）件 7 与件 9 的配合是 _______ 配合，其配合尺寸分别为 _______ 和 _______。

（4）件 5 与件 11 为 _______ 配合，件 5 的配合公差带代号为 _______，件 11 的配合公差带代号为 _______。

（5）件 4 与件 11 的配合尺寸为 _______，是 _______ 配合。

（6）*A* 向视图为表达件 _______。

（7）虎钳的安装孔定形尺寸为 _______，定位尺寸为 _______。

（8）拆画件 4 零件图。

班级　　姓名　　学号

第8章　展开图与焊接图

8.1　展开图

（1）作以下方形料斗的侧面展开图。

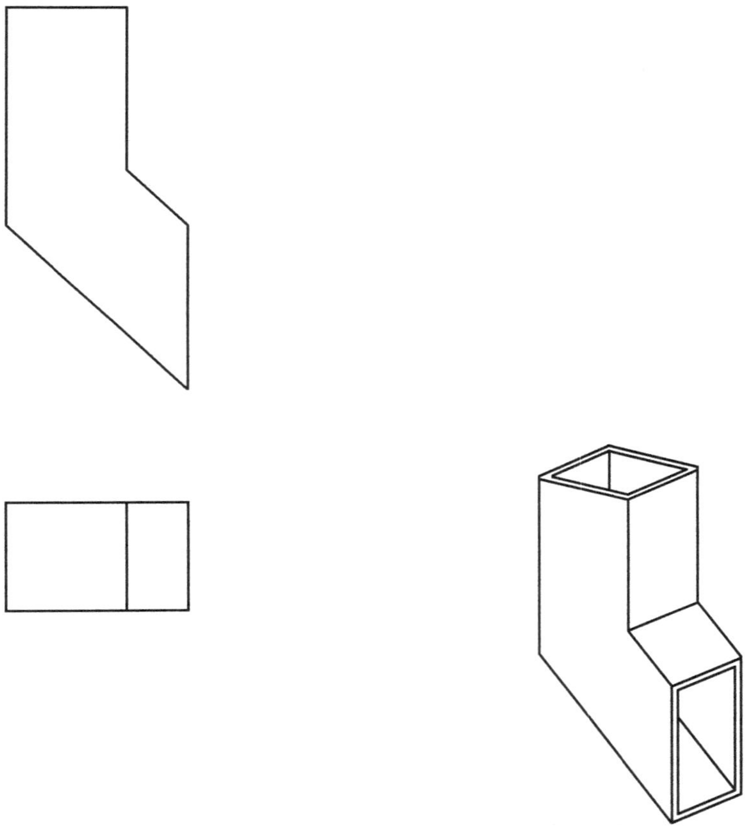

（2）作以下棱锥切割体的侧面展开图。

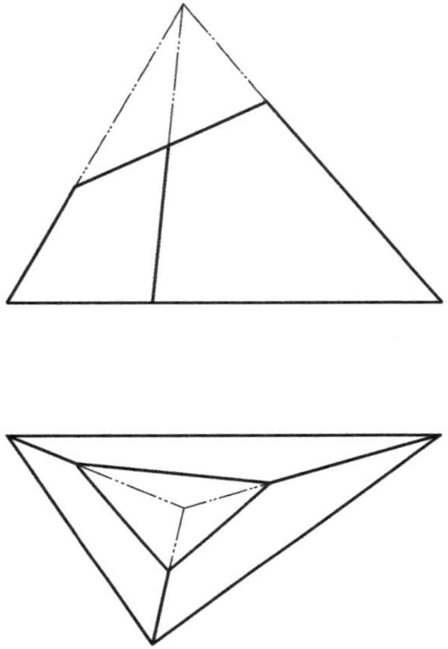

班级　　　　姓名　　　　学号

8.2　焊接图

读焊接图，完成填空。

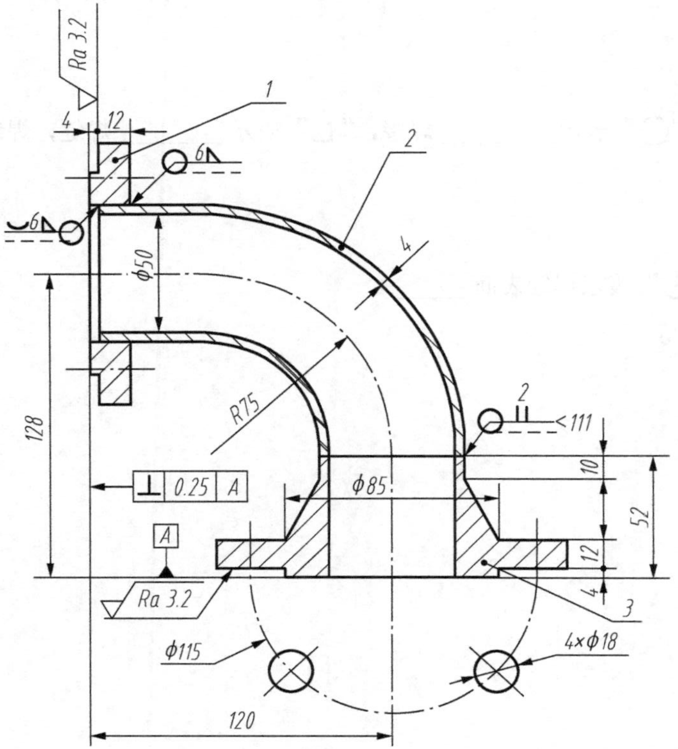

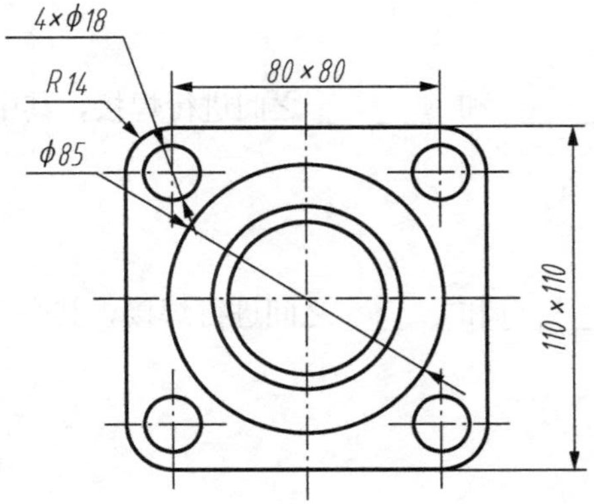

序号	名称	数量	材料	备注
3	底盘	1	Q235-A	
2	弯管	1	Q235-A	
1	方形凸缘	1	Q235-A	

弯头		比例	1:2	（图号）
		件数	1	
制图	（日期）	重量		共 张　第 张
描图	（日期）	（校名）		
审核	（日期）			

班级　　　　姓名　　　　学号

（1）该焊接零件由 ______、______ 和 ______ 三个零件焊接而成。

（2）焊缝代号 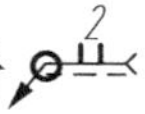 111 表示在 ______ 和 ______ 之间进行焊接，其中  表示 ______ 焊缝，对接间隙 b=______mm，“111”表示全部焊缝均采用 ______。

（3）焊缝代号 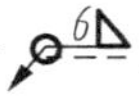 表示在 ________ 和 ________ 之间进行焊接，其中“”表示 ________ 焊接，“”表示 ________ 焊缝，焊缝高度为 ______mm。

（4）焊缝代号 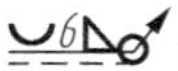 表示在 ______ 和 ______ 之间进行焊接，其中“”表示焊缝表面 ______。

班级　　　　姓名　　　　学号

参考文献

[1] 张荣. 汽车工程制图习题集 [M]. 第 2 版. 北京：人民邮电出版社，2014.
[2] 邓晓刚. 机械制图及习题集 [M]. 北京：人民交通出版社，2005.
[3] 邱吟华. 机械制图习题集 [M]. 北京：机械工业出版社，2010.
[4] 李同军. 机械制图习题集 [M]. 第四版. 北京：中国劳动社会保障出版社，2001.
[5] 钱可强. 机械制图习题集（多学时）[M]. 北京：机械工业出版社，2012.
[6] 金大鹰. 机械制图习题集（多学时）[M]. 北京：机械工业出版社，2012.